中国农业科学院智库报告
中国农业发展战略研究院智库报告

潍坊市
创新提升“三个模式”
打造乡村振兴齐鲁样板先行区实践报告

中国农业科学院战略研究中心
中国农业发展战略研究院
中国农业科学院农业经济与发展研究所
组织编写

中国农业科学技术出版社

图书在版编目（CIP）数据

潍坊市创新提升“三个模式”打造乡村振兴齐鲁样板先行区实践报告 / 中国农业科学院战略研究中心，中国农业发展战略研究院，中国农业科学院农业经济与发展研究所组织编写 . -- 北京：中国农业科学技术出版社，2021.12
ISBN 978-7-5116-5616-2

Ⅰ. ①潍… Ⅱ. ①中… ②中… ③中… Ⅲ. ①地方农业经济—经济发展模式—研究—潍坊 Ⅳ. ① F327.523

中国版本图书馆 CIP 数据核字（2021）第 255008 号

责任编辑 徐定娜
责任校对 李向荣
责任印制 姜义伟 王思文

出 版 者 中国农业科学技术出版社
北京市中关村南大街 12 号 邮编：100081
电　　话 （010）82105169（编辑室）（010）82109702（发行部）
（010）82109709（读者服务部）
传　　真 （010）82109707
网　　址 http://www.castp.cn
发　　行 各地新华书店
印 刷 者 北京科信印刷有限公司
开　　本 210 mm × 285 mm 1/16
印　　张 8.75
字　　数 107 千字
版　　次 2021 年 12 月第 1 版 2021 年 12 月第 1 次印刷
定　　价 108.00 元

潍坊市创新提升“三个模式”
打造乡村振兴齐鲁样板先行区实践报告

指导委员会

主　任：梅旭荣　田庆盈

副主任：袁龙江　王济民　毛世平　刘　运　李兰祥　马清民

委　员：吕尧良　常祖领　李　波　桑福玲　赵绪春　赵庆胜

编写委员会

主　编：王秀东

副主编：闫　琰

参编者：（按姓氏拼音先后排序）

韩昕儒　刘　静　宋莉莉　谭光万　辛翔飞　臧良震

张　琳　周　慧

序

改革开放以来，农村改革的伟大实践推动我国农业生产、农民生活、农村面貌发生了巨大变化，为社会主义现代化建设作出了重大贡献。2016 年 4 月 25 日，习近平总书记在召开农村改革座谈会时强调，要坚持把解决好“三农”问题作为全党工作重中之重，加大推进新形势下农村改革力度，加强城乡统筹，全面落实强农惠农富农政策，促进农业基础稳固、农村和谐稳定、农民安居乐业。2018 年，习近平总书记在全国“两会”期间到山东代表团参加审议和视察山东时强调指出，山东创造了不少农村改革发展经验，贸工农一体化、农业产业化经营就出自诸城、潍坊，形成了“诸城模式”“潍坊模式”“寿光模式”。

三年来，潍坊市深入学习贯彻习近平总书记重要指示精神，按照山东省委、省政府要求，把创新提升“三个模式”作为重大政治任务，紧紧围绕农业农村现代化总目标，按照乡村振兴总体要求，坚持农业农村一体设计、城市乡村协调推进、五大振兴同步发力，着力在深化、拓展、创新、提升“三个模式”上下功夫，积极探索并赋予“三个模式”新的时代内涵，努力打造乡村振兴齐鲁样板先行区。“潍坊模式”着力推动“五个创新提升”，“诸城模式”积极探索“三区”共建共享，“寿光模式”重点打造“三全三融”实践，潍坊全市在加快推进农业农村现代化和促进共同富裕上迈出了实质性步伐，全市乡村发生了积极变化。到2020年，潍坊以全国1‰的淡水、1.7‰的土地，贡献了全国7.2‰的粮食、15.7‰的蔬菜、12.7‰的花生，成为名副其实的全国米袋子、菜篮子、肉案子、果园子，城乡居民收入比缩小到1.99∶1，远低于全省、全国平均水平。

为深入研究潍坊创新提升“三个模式”、实施乡村振兴战略的探索实践，深度挖掘潍坊实践中新的内涵和基本经验，为全国各地提供借鉴，中国农业科学院战略研究中心组织专家在深入调查研究的基础上，形成了《潍坊市创新提升“三个模式”打造乡村振兴齐鲁样板先行区实践报告》一书，系统梳理了潍坊市“三个模式”的演进及内涵，总结了新时代创新提升“三个模式”的实践，凝练了新时代创新提升“三个模式”的内涵特征和基本经验，提出了未来发展建议。在向第二个百年奋斗目标迈进的历史关口，在全面推进乡村振兴、加快农业农村现代化的新阶段，这份报告全面总结潍坊市打造乡村振兴齐鲁样板先行区的基层创新，可以为其他地区全面推进乡村振兴提供经验借鉴，具有重要的理论和实践意义。

“十四五”时期是乘势而上开启全面建设社会主义现代化国家新征程、向第二个百年奋斗目标进军的第一个五年。全面实施乡村振兴战略的深度、广度、难度都不亚于脱贫攻坚，必须加强顶层设计，以更有力的举措、汇聚更强大的力量来推进。要尊重基层和群众创造，加快推进农村重点领域和关键环节改革，充分激发农村资源要素活力，完善农业农村支持保护制度，推动改革不断取得新突破新成效。相信本书能够为研究乡村振兴、农业农村现代化等问题的学者提供帮助，能够为相关部门制定政策提供决策参考。

张合成

2021年11月24日

前　言

山东是经济大省、文化大省、人口大省，是中华文明和农耕文化的重要发源地之一，在全国发展大局中具有重要地位。潍坊是山东省农业大市，是农业产业化的发源地，是我国重要的农产品生产、加工、出口基地和北方农产品流通交易中心。改革开放以来，潍坊探索形成了商品经济大合唱、贸工农一体化、农业产业化经营等经验。2018 年，习近平总书记在全国“两会”期间到山东代表团参加审议和视察山东时两次讲到，“改革开放以来，山东创造了不少农村改革发展经验，贸工农一体化、农业产业化经营就出自诸城、潍坊，形成了‘诸城模式’‘潍坊模式’‘寿光模式’”。“三个模式”曾在促进山东省和潍坊市农业农村发展历史上发挥了重要作用。在实施乡村振兴战略、推进农业农村现代化的新时代背景下，如何进一步创新提升潍坊“三个模式”，成为新时代潍坊面临的重大课题。近年来，潍坊市委市政府深入学习贯彻习近平总书记关于“三农”工作的重要论述和重要指示批示精神，全面贯彻中央决策部署，落实省委工作安排，积极探索创新提升“三个模式”，推动“三农”工作取得新成效，为打造乡村振兴齐鲁样板、实现农业农村现代化提供了新经验。

研究潍坊市创新提升“三个模式”、实施乡村振兴战略的探索实践，对于各地全面推进乡村振兴、加快农业农村现代化具有重要的理论指导意义和现实借鉴意义。中国农业科学院战略研究中心对潍坊创新提升“三个模式”的实践进行了全面深入的调查和研究，完成了《潍坊市创新提升“三个模式”打造乡村振兴齐鲁样板先行区实践报告》（以下简称《实践报告》）。

《实践报告》系统梳理了“三个模式”的演进历程和本质内涵，认为“三个模式”的核心是农业产业化。“三个模式”的具体内容虽然有所区别，但其本质是推动农业生产要素更大范围、更高层次的优化配置，发展方向是提高农业产业化水平、推动农业高质量发展，关键是坚持问题导向、大胆改革创新，归根结底就是解放生产力、发展生产力。

《实践报告》从潍坊“五个创新提升”、诸城“三区”共建共享、寿光“三全三融”三个方面总结了新时代创新提升“三个模式”的探索实践，认为新时代创新提升“三个模式”在解决的主要问题上、在产业发展方式上、在路径选择上和在组织推进上都有新的内涵特征，核心经验是创新农业产业化的内涵和形态、尊重群众和基层的首创精神、实现有效市场与有为政府的有机结合、践行包容性增长理念实现共同富裕和促进产城、产村、产业融合发展。最后，《实践报告》在分析了潍坊面临的机遇和挑战的基础上，建议未来为实现“十四五”乃至二〇三五远景目标，创新提升“三个模式”目标定位为打造乡村振兴齐鲁样板先行区，率先实现农业农村现代化，进一步打响“全国乡村振兴看山东、山东乡村振兴看潍坊”品牌。报告提出创新提升“三个模式”的下一步工作应将坚持以产业振兴带动乡村全面振兴、坚持以创新驱动标准引领加速农业现代化进程、坚持以深化改革释放发展新动能、坚持以扩大开放提升发展层次、坚持以乡村建设行动打造美丽宜居家园、坚持以党建引领促进乡村善治、坚持共同富裕增进农民福祉等作为主要推进路径。

《实践报告》是中国农业科学院战略研究中心坚持“四个面向”，建设国家高端农业智库，组织研究团队推出的重要研究成果之一。报告的调研得到潍坊市委市政府、中国农业科学院、中国农业科学院农业经济与发展研究所等单位的大力协助和支持，在此表示由衷的感谢。

由于时间关系，报告中可能还存在纰漏之处。敬请广大读者批评指正。

编著者

2021 年 4 月

目　录

精简版报告

2018年，习近平总书记在全国“两会”期间到山东代表团参加审议和视察山东时两次讲到，“改革开放以来，山东创造了不少农村改革发展经验，贸工农一体化、农业产业化经营就出自诸城、潍坊，形成了**‘诸城模式’‘潍坊模式’‘寿光模式’**”。这既是对山东、对潍坊“三农”工作的肯定，更是鞭策和激励。

习近平总书记多次强调，要结合实际，实事求是，多从基层和群众关心的问题上找突破口，多推有地方特点的改革。要鼓励基层创新，继续发扬敢闯敢试、敢为人先的精神，推动形成更加浓厚、更有活力的改革创新氛围。“三个模式”的演进与创新提升历程全面体现了潍坊市敢闯敢试、敢为人先的基层探索和创新精神。在向第二个百年奋斗目标迈进的历史关口，在全面推进乡村振兴、加快农业农村现代化的新阶段，有必要全面总结潍坊市创新提升“三个模式”打造乡村振兴齐鲁样板先行区的基层创新，为其他地区全面推进乡村振兴提供经验借鉴。

一、"三个模式"的演进及内涵

1979年到1984年，按照党的十一届三中全会精神，全面推行家庭联产承包责任制，解放了农村生产力，调动了农民的生产积极性，粮食产量逐年上升，农民收入大幅提高，为以后的发展打下了良好基础。1984年到1987年，农村商品生产开始起步，农民面临许多一家一户办不了、办不好的事情，迫切要求各级党委政府、各行业各部门提供有效的服务。潍坊市及诸城、寿光等地针对实际发展情况，进行了积极探索，逐渐形成了"诸城模式""潍坊模式""寿光模式"。

"三个模式"的核心是农业产业化。"诸城模式"主要是商品经济大合唱、贸工农一体化、农业产业化和农村社区化等具体实践，解决的主要是农业生产、加工、流通脱节的问题。**"潍坊模式"**是潍坊各地农业农村改革创新经验的集成，突出农业产业化经营，创新农业生产的组织形式、经营方式和运行机制，解决的主要是农户分散经营与大市场之间的矛盾。**"寿光模式"**主要是蔬菜产业的生产、销售、技术、会展和标准输出等创新经验，解决的主要是蔬菜生产产业化的问题。

"三个模式"尽管表现形式有所区别，但**本质**是推动农业生产要素更大范围、更高层次的优化配置，**方向**是提高农业产业化水平、推动农业高质量发展，**关键**是坚持问题导向、大胆改革创新，**归根结底**是解放生产力、发展生产力。

二、新时代创新提升“三个模式”的实践

近年来，潍坊市深入学习贯彻习近平总书记关于“三农”工作的重要论述和重要指示批示精神，按照山东省委、省政府要求，把创新提升“三个模式”作为重大政治任务，在总结原有经验的基础上，紧紧围绕加快农业农村现代化这一总目标，按照实施乡村振兴战略“20字”总要求，坚持农业农村一体设计，城市乡村协调推进，五大振兴同步发力，创新提升“三个模式”，加快打造乡村振兴齐鲁样板先行区，“三农”工作跃上新台阶。2020年，潍坊市农业总产值突破千亿元，达到1 038亿元，占山东省的1/10左右；蔬菜产量、畜禽产量均达到山东的1/5左右；农机总产值达到1 300多亿元，约占全国的1/4；生姜、胡萝卜、大葱、洋葱出口额分别占全国的1/4、1/6、1/2、1/7左右，蔬菜出口量、禽肉出口货值分别占全国的1/8、1/6左右。潍坊用全国1‰的淡水、1.7‰的土地，贡献了全国7.2‰的粮食、15.7‰的蔬菜、12.7‰的花生，是名副其实的全国米袋子、菜篮子、肉案子、果园子，成为全国重要农产品生产基地、全国重要的优质农产品加工出口基地。农村基础设施加速提档升级，公共服务加速向农村延伸，社会事业加速向农村覆盖，城镇化率达到64%，城乡发展较为均衡、协调。农村居民收入持续增长，在促进共同富裕上迈出了实质性步伐。

（一）潍坊“五个创新提升”的探索实践

潍坊市是全国农业产业化的发源地，农业一直走在全国前列。近年来，潍坊市把现代农业作为主业，顺应产业融合发展趋势，着力强化科技支撑、开放带动、标准引领、品牌建设，构建现代农业全产业链大格局，农业质量效益和市场竞争力进一步提高，加快建设现代农业强市。

1. 创新产业发展方式，提升农业质量效益和竞争力

1）**着力提升科技创新水平**。北京大学现代农业研究院、中国农业科学院寿光蔬菜研发中心等重大创新平台先后落户潍坊；潍坊市种业研发企业达到 26 家，育苗企业达到 260 多家、年育苗能力达 17 亿株以上。2）**着力提升开放发展水平**。2018 年经国务院批准成立潍坊国家农业开放发展综合试验区，农综区涵盖潍坊全域；潍坊市拥有食品生产资质出口企业 528 家，农产品远销日本、韩国等 120 多个国家和地区。3）**着力提升标准引领**。大力推行农产品生产及流通全链条标准化，加快完善质量标准体系，实现主要农产品标准体系全覆盖；探索建立与国际标准接轨的农产品质量安全监管模式。4）**着力提升产业融合发展水平**。建成粮食、蔬菜、畜禽、花卉、苗木、果品、种子、农机等八大优势产业集群；通过实施龙头企业和产业联合体“双十”培育计划，培育 10 家产值过 10 亿元全产业链一体化农业龙头企业、10 家产值过 50 亿元的农业产业化联合体。5）**着力提升品牌价值**。坚持做好“特”字文章，培育发

展特色农业，充分发挥政府引导作用，以市场为导向，构建起“政府引导、企业主体、社会参与”的农产品品牌建设机制，“三品一标”农产品总数达到 1 084 个。

2. 创新城乡融合体制机制，提升乡村宜居宜业水平

1）推动资源要素向乡村聚集。围绕破除城乡要素合理流动的机制障碍，出台农业农村优先发展的政策措施等一揽子文件，增强制度供给，为乡村振兴注入新动能。2020 年整合涉农资金 102.4 亿元，涉农贷款余额 4 158.88 亿元。**2）抓好乡村基础设施建设**。深入开展“四好农村路”建设和农村通户道路硬化工作，实施路网提档升级、自然村庄通达、路网状况改善、运输服务提升等重点工程，两年新建、改建各类农村道路 3 000 多千米，建设客运站点 686 个。**3）提升农村公共服务水平**。抓好教育资源均衡配置，投入 2.1 亿元提升乡村学校硬件配备；建设 699 处示范标准村卫生室；社会保障向农村全覆盖；农村社区服务中心实现全覆盖，形成了 3 千米左右服务半径。

3. 创新系统化治理体系，提升生态环境质量

1）加快农业绿色发展。组织实施绿色发展计划，统筹产、销、管三个环节，深入推进农药化肥减量增效，推广土地深翻、测土配方施肥、水肥一体化、病虫害绿色防控等综合配套技术。**2）改善农村人居环境**。制定《农村人居环境整治三年行动实施方案》《农村人居环境整治村庄清洁行动实施方案》，农村人居环

境整治三年行动顺利通过山东省评估验收，乡村颜值显著提升。3）加强乡村生态建设。积极推进山水林田湖草系统治理，深入实施国土绿化行动，加强弥河、潍河"两河"流域和南部山区生态保护；集中居住型村庄林木绿化率达36%以上，分散居住型村庄林木绿化率达19%以上。

4. 创新基层治理模式，提升乡村善治水平

1）突出建强农村基层党组织。充分发挥党组织的引领作用，在推动村庄发展、成立集体经济组织等相关事项决策中，坚决守住"不能把农村土地集体所有制改垮了，不能把农民利益损害了"等底线，确保改革发展正确方向。2）完善"三治结合"的农村基层治理体系。实现以自治为核心、以法治为保障、以德治为引领的差异化治理；市持续推进村民自治制度化，加强村民委员会工作制度建设，积极开展村务公开目录监督落实专项行动。3）深入开展乡风文明培育行动。坚持物质文明和精神文明一起抓，持续培育文明乡风、良好家风、淳朴民风，各县市区均建立了新时代文明实践中心，建成镇（街道）文明实践所152个，村（社区）文明实践站6 401个。

5. 创新成果共享普惠机制，提升农民富裕富足程度

1）高质量打赢脱贫攻坚战。2018年底，潍坊建档立卡贫困人口16.9万户、36.8万人全部脱贫，337个省定扶贫工作重点村摘帽退出；健全完善村户经济"双增收"、即时发现即时帮扶、兜底保障、内外联动"四项机制"，推动脱贫攻坚与乡村振兴有机衔接。

2）千方百计增加农民收入。2020年，潍坊农村居民可支配收入达到21 651元，比“十二五”末增长45%，提前两年实现比2010年翻一番的小康目标，城乡居民收入比为1.99：1，降至2以内，低于山东2.33：1、全国2.56：1。**3）大力发展村级集体经济。**大力实施村级集体经济发展三年行动计划，村集体经济实力持续壮大；2020年底，消除了5万元以下的村，其中，79%的村集体经济达到10万元以上，有672个达到100万元以上。

（二）诸城“三区”共建共享的探索实践

2018年以来，诸城市充分发挥农业产业化、农村社区化两大优势，创新提升“诸城模式”，深入推进生产园区、生活社区、生态景区“三区”共建共享，积极探索乡村振兴片区化发展新路径，让农民群众生活在社区、就业在园区、休闲在景区，在家门口就能享受到同城里人一样的高品质生活，不断赋予“诸城模式”新内涵。

1. 坚持产业为要，建设特色生产园区

1）加快种植业提质增效。加强高标准农田建设，以最严格的措施抓好耕地保护，坚决遏制耕地“非农化”、防止“非粮化”，整建制开展吨粮田、吨粮镇、吨粮县建设，2020年粮食总产量达76.79万吨。**2）加快养殖业转型升级。**加快养殖业向标准化、园区化、生态化、智能化、品牌化转型，着力打造年出栏2亿只肉鸡、300万头生猪的种养循环产业体系。**3）加快食品加工业链式发展。**建设餐饮食材供应链平台，大力推行中央厨房团餐定制模

式，加快食品产业向高端化、融合化、品牌化转型，推动企业由加工型迈向"生产＋服务"型。4）**加快重点项目与品牌建设**。坚持把重大项目建设作为第一抓手，围绕产业培育、片区打造、生态旅游、基础设施等领域，千方百计谋划项目、招引项目、推进项目，"三品一标"达到115个。5）**加快农业新型经营主体培育**。开展规范清理、质量提升、示范创建、融合发展"四大行动"，培育起潍坊市级以上重点龙头企业126家。6）**加快农民增收入与集体增积累**。推行"大区域多主体""大园区小农户"等利益联结机制，鼓励农民以土地、资金、资产入股，增加农民经营性、财产性和工资性收入。

2. 坚持宜居为本，建设新型生活社区

1）**提升基层党组织组织力**。开展"基层组织治理能力提升"专项行动，重点解决组织领导能力弱、集体经济发展慢、精准服务水平低、协同共治意识差等4个方面26个问题。2）**提升公共服务功能**。实施社区服务中心功能提升工程，以"贴近需求，一室多用"为原则，调整优化站室设置；充分尊重和顺应群众意愿，稳妥推进美丽宜居乡村建设。3）**提升社会治理水平**。将网格化管理作为社会治理系统工程建设的重要内容，持续创新方式、规范运行机制、强化实战实用，平安诸城建设基层基础得到进一步夯实。4）**提升乡风文明水平**。实施红色基因传承工程，推进文化惠民和移风易俗，建成镇街园区新时代文明实践所17处、社区新时代文明实践站244处。

3. 坚持绿色为基，建设优美生态景区

1）**深化美丽乡村标准化建设**。开展美丽乡村精品片区打造行动和“五化一通”工程，南湖常山片区获评为省级乡村振兴示范片区，建成50多个特色村。2）**深化全域生态化建设**。开展“绿满龙城”五大行动，2020年新增成片造林3.3万亩（1亩≈666.67平方米，1公顷=15亩，下同），目前建成环村生态林带示范村664个。3）**深化生态环境保护**。深入开展“十河共治”，全面落实河长制、湖长制，境内水质达标率100%；畜禽粪污资源化利用率达到93%。

4. 坚持融合发展，深入推进共建共享

1）**推进“三区”融合**。出台《推进“三区”共建共享的实施意见》，研究制定“三区”共建共享地方标准，规划建设了40个“三区”共建共享示范区；在全国率先实现乡村振兴“一张图”。2）**推进三产融合**。突出农旅融合、种养循环、智慧农业等重点，加快农村一二三产业深度融合，加快培育农业全产业链，建设三产融合发展示范项目28个。3）**推进要素融合**。统筹利用政策资源，建立多元化投入机制，“十三五”期间，累计统筹整合涉农资金18.8亿元，集中投向乡村振兴基础性、战略性项目。4）**推进利益融合**。尊重农民主体地位，保障社会资本权益，完善互利共赢的利益分享机制，让更多农产品增值收益和二三产业经营收益留在农村留给农民。

（三）寿光"三全三融"的探索实践

2018年以来，寿光市以"三全三融"推动"一二三产联动并举、市镇村统筹协调、生产生活生态良性循环"，加快乡村经济结构、人口结构和空间结构全域同步优化，乡村生产方式、生活方式和治理方式全域同步改进，乡村收入水平、文明水平和生态水平全域同步提升，实现了由以城带乡到一体均衡、再到无差别融合发展的新跨越，为实现农业农村现代化蹚出一条新路子。

1. 推动"产业全链条融合"，打造农业现代化示范区

1）突破标准制定，把"寿光标准"打造成为"全国标准"。依托部省共建的全国蔬菜质量标准中心，全面加快标准集成、模式输出步伐，组建了国家蔬菜质量标准化创新联盟。**2）突破种业研发，把"智力优势"转化成为"竞争优势"**。启用了国家现代蔬菜种业创新创业基地研发中心、农业农村部蔬菜种子质量监督检验测试中心寿光分中心等一批国字号、高精尖平台。**3）突破技术集成创新，让科技成果助力惠农**。坚持以工业互联网思维对农业产业链进行全方位重塑，先后研制推广了立体栽培等30多种新模式和大棚滴灌等300多项国内外新技术。**4）打造寿光蔬菜的"金字招牌"**。"寿光蔬菜"成功注册为地理标志集体商标，寿光蔬菜产业集群被财政部、农业农村部确定为全国首批50个优势特色产业集群之一。**5）打造技术、人才、管理等要素的"输出高地"**。立足寿光、放眼山东、服务全国，在贵州遵义、江西井冈山和瑞金、陕西安塞、四

川北川、西藏自治区（以下简称西藏）白朗等地建设了标准化蔬菜示范基地。**6）打造自主可控、安全可靠的“市场体系”**。主动担负起确保蔬菜产业链安全的责任担当，依托大市场、大物流、大通道优势，努力发挥好维护全国蔬菜稳产保供的“压舱石”作用。**7）加快构建以合作社、家庭农场为主体的新型组织体系**。深入实施提升农民合作社水平专项行动，全力做好合作社“规范、整顿、提升”三篇文章，组建了全国首家蔬菜合作社联合会。

2. 推动“城乡全要素融合”，打造乡村振兴齐鲁样板先行区

1）村党支部引领带民富。深入开展“百强企业帮百村、百个部门包百村”帮扶行动，创新推行村支部领办合作社、建设“飞地园区”等方式，实现农村资源变资产、资金变股金、农民变股东。**2）培育新型农民助民富**。探索打造了“企业订单、机构列单、群众选单、政府买单”的培训模式，深入开展30万农民科技大轮训和“十百千万”蔬菜标准化培训工程。**3）鼓励人才回乡帮民富**。创新实施农村优秀在外人才“雁归计划”和农村后备干部“雏雁计划”，设立专项编制、建立高端人才“绿卡”。**4）推动基础设施向农村倾斜，让乡村更宜居**。全面启动了美丽乡村暨农村人居环境综合提升三年行动。**5）推动公共服务向乡村延伸，让群众生活更便利**。把地方财政收入的80%以上优先用于保障民生，大力推动社会事业向农村覆盖、公共服务向农村延伸。

3. 推动“治理全领域融合”，打造乡村治理现代化样板区

1）夯实自治根基，激发了基层治理的新活力。创新开展了农村党员“亮身份、当巷长”活动，连续五年推行“六位一体”主题党日制度，创新搭建了“网上阳光村务平台”、阳光三农综合信息公开平台等网络平台，党员群众参与村级治理的积极性显著提升。**2）坚持法治为本，打造了依法办事的好环境**。创新设立“无讼超市”，全面推行“一村（社区）一法律顾问”“一村一警务助理”工程，开展以清理村级合同、清理村级尾欠、清理闲置资产资源“三清”为重点的农村综合治理。**3）筑牢德治之魂，实现了民风更淳朴、乡风更文明**。2017 年，以全国县级第 5 名的成绩获评全国文明城市，之后连续三年以第一名的成绩通过全省复审。

三、新时代创新提升“三个模式”的内涵特征和基本经验

创新提升“三个模式”，是新时代潍坊市统筹推进“五大振兴”的新探索，着力点在于解决农村发展不平衡不充分的问题，是农村现代化与农业现代化的一体设计和一并推进，是实现农业强、农村美、农民富的丰富实践。

（一）创新提升“三个模式”的新发展新特征

一是在解决的主要矛盾上。“三个模式”主要是通过农业产业

化经营，解放和发展生产力，破解农户分散经营与大市场之间的矛盾，提高农业生产效率和农产品增加值，更加注重的是速度和数量。新时代创新提升“三个模式”，则不仅仅是产业的提升，而是统筹农村经济、政治、文化、社会、生态文明和党的建设，既注重提高农业产业发展质量效益，又注重加快补齐农村短板，实现由产业发展为主，向由产业振兴带动乡村人才、文化、生态、组织全面振兴转变，着力解决的是农业农村一体发展、城市乡村协调发展问题，是新发展理念指引下的更高质量的发展。

二是在产业发展方式上。“三个模式”是通过创新农业产业经营模式，依靠龙头企业（诸城）或市场（寿光）带动基地 + 农户的生产，发展导向是增产导向。新时代创新提升“三个模式”，则是推进农业由增产导向转向提质导向，以供给侧结构性改革为主线，提高农业创新力、竞争力、全要素生产率，提高农业质量、效益和竞争力。在产业结构上，注重由一产向一二三产融合发展转变，通过发展农产品加工业、完善农产品流通设施、发展新产业新业态，延伸产业链、贯通供应链、提升价值链，推动产业功能、形态和商业模式发生重大变化。在产业组织方式上，主要依靠新型农业经营主体带动，同步健全社会化服务体系，把农业生产全部纳入有组织的经营活动，推动由分散经营向组织化、规模化经营转变，实现更高质量的小农户和现代农业发展有机衔接。在发展支撑上，更加注重依靠科技的力量，由传统要素推动为主转向农业科技推动为主，给农业插上科技的翅膀；更加注重依靠开放带动，着力发挥国家农综区的引领作用；更加注重提高农民素质，培育爱农业、懂技术、善经营的高素质农民。像科技创新，原来主要是种植、养殖、加工技术创新和机械化，现在潍坊从生产技术革新到种业创新、生物技术，从现代农机到智慧农业，再到云计算、大数据、物联网，把高新科技全方位深度植入。

三是在路径选择上。“三个模式”是通过贸工农、产供销一体化的手段，把龙头企业、市场、协会等与农户联结起来，只是初步实现了生产、加工、销售三次产业的低层次融合。而新时代创新提升“三个模式”，既是三次产业的深度融合，也是要素顺畅流动的城乡融合和农村生产、生活、生态的相融。在产业融合上，更加注重开发农业的多功能性和多元价值，推进农产品深加工，推动农业与休闲旅游、农耕体验、健康养生等深度融合。在“三生”融合上，注重推进农业生产园区、农村生活社区、乡村生态景区同步建设，注重补齐农村基础设施、公共服务、生态环境短板，把农村建设成生态宜居的幸福家园。在城乡融合上，更大力度推进农村改革，破除要素顺畅流动体制机制障碍，加快形成工农互促、城乡互补、协调发展、共同繁荣的新型工农城乡关系。

四是在组织推进上。新时代创新提升“三个模式”，潍坊市更加注重以县域为单元，整县推进，均衡发展，几乎每个县都有自己的特色和亮点。例如，诸城市创新实施生产园区、生活社区、生态景区“三区”共建共享，寿光市推进“产业全链条融合、城乡全要素融合、治理全领域融合”，以“三全三融”推动全面振兴，为新时代推进乡村振兴探索了新路径。各县市区聚焦“五大振兴”，结合各自实际打造了一批新亮点，像安丘出口农业、峡山有机农业以及昌邑苗木、青州花卉、临朐林果、昌乐西甜瓜等，形成了多点发力、特色各异、全域均衡发展的格局。

潍坊市通过创新提升“三个模式”，赋予了其新的时代内涵，即：以党的建设为统领，以改革开放为动力，以科技创新为支撑，以融合发展为路径，以产业振兴带动乡村全面振兴，目标是率先实现农业农村现代化，根本目的是增进农民福祉，满足农民群众对美好生活的向往。

（二）创新提升“三个模式”的基本经验

1. 创新农业产业化内涵和形态，实现产业化发展由量变到质变的突破

通过鼓励产业联动、要素跨界，打破农村各类产业相互分割的状态，使农业产业化演变为各具特色的农村产业化。围绕产业兴旺，进一步推动城乡要素的双向流动和公共资源的均衡配置，突破农村产业化的地域限制，实现更合理的生产力布局，使农村产业化质变为以县域为基础的乡村各类业态全面发展。

2. 尊重群众和基层的首创精神，实现顶层设计与基层执行的良性互动

通过发挥农民的主体作用和首创精神，调动其积极性、主动性、创造性。鼓励农民群众和基层大胆探索实现乡村振兴的方式和路径。针对实践的经验创造，及时加以引导完善和总结提升。形

成理论与实践的紧密结合和良性循环，推动农业农村领域的深化改革。

3. 注重体制机制创新，实现有效市场与有为政府有机结合

充分发挥市场的决定性作用，更好发挥政府的市场监管和基础建设作用。通过加强市场规范化建设，严格产品质量的执法监管，破除要素和产品流动的体制机制性障碍，创造良好的市场环境。通过培训等形式提高农民的市场意识和知识水平，加强信息技术平台建设、现代物流基础条件、农业新功能基础条件等建设，提供完备的基础支持。

4. 践行包容性增长理念，实现全面共同富裕

不仅追求经济效率的有效提升，更注重增长成果的公平共享。保障公共资源向农业农村倾斜，优先补齐三农的短板。引导各类经营主体建立契约式、分红式、股权式等多种紧密利益联结机制，确保农民合理分享增值收益。通过农业技术和经验的广泛传播，带动多地农民脱贫致富，实现发展成果的公平共享。

5. 促进三个融合发展，实现乡村全面振兴

通过推进"三区"共建共享等措施，形成农业产业与城镇化的良性互动，促进产城融合；根据乡村的资源禀赋，发展一村一品等特色经济，促进产村融合；通过聚焦区域主导产业或优势特色产业，延伸产业链、打造供应链、提升价值链，促进产业融合。

四、未来发展建议

（一）机遇挑战

进入新发展阶段，潍坊市“三个模式”创新提升面临五大机遇和优势：一是加快构建新发展格局，有利于深化对“三农”工作重中之重的认识，加快推进农业农村现代化，更好发挥农业农村在应对风险挑战中的“压舱石”和“战略后院”作用。二是顺应高质量发展的时代要求、满足人民群众美好生活需求，有利于进一步深化农业供给侧结构性改革，推动品种培优、品质提升、品牌打造和标准化生产，提升农业质量效益和竞争力。三是以数字技术、生物技术等为代表的新一轮科技革命和产业变革深入发展，有利于推动潍坊农业产业结构调整、发展方式转变、增长动能转换，赋能农业实现高质量跨越发展。四是潍坊国家农业开放发展综合试验区等重大战略加速推进，有利于破除体制机制深层次矛盾，激发创新发展活力，为全国农业农村开放发展提供样板。五是潍坊改革开放四十多年来，形成了雄厚的农业产业化基础、坚实的科技创新支撑、有力的政策支持保障、引领全国农业农村改革创新，为新发展阶段创新提升“三个模式”奠定了坚实根基。

同时，也要清醒认识到，未来农业农村发展仍面临着一系列新旧交织的问题和挑战：一是乡村资源要素投入不足，金融、工商资本投资意愿不强，高层次人才短缺，乡村产业发展用地供给不足。二是农业高质量发展仍不充分，产业链延伸和价值链提升增值增效不充分，农民分享全产业链增值收益不充分。三是乡村基础设施和公共服务短板仍然突出，乡村基础设施建设滞后，公共文化设施重"建"轻"管"，人居环境整治长效管护机制不健全。四是乡村振兴工作合力还需进一步加强，五大振兴专班牵头工作机制和党委政府工作部门抓乡村振兴工作机制需要进一步完善。

（二）目标定位

1. 打造乡村振兴齐鲁样板先行区，率先实现农业农村现代化

——**打造高质高效农业发展国家创新中心。**依托中国蔬菜种业硅谷、国家蔬菜质量标准中心等重大工程平台，建设全国设施农业科技研发中心、全国设施农业标准输出中心、全国设施农业品牌塑造中心、全国一二三产业融合发展示范中心，抢占全国现代农业发展的制高点。

——**打造新阶段双循环农业区域性对外开放高地。**充分利用国际、国内两个市场、两种资源，积极融入"一带一路"倡议、RCEP 开放战略及胶东经济圈、长三角、粤港澳大湾区等区域发展战略，打造全方位、宽领域、多层次的农业开放发展新格局，大力培育农业发展新动能。

——**打造全面推进乡村振兴农村改革试验先行区。**探索建立农村集体资产管理运营新机制，发展新型集体经济，以寒亭区农村宅基地制度改革国家级试点为依托，稳慎推进农村宅基地制度改革试点。充分发挥山东农村产权交易中心、东亚畜牧产品交易所等的功能和作用，赋予农村益物权更充分权能，激活农村资源要素。

——**打造乡村振兴宜居宜业齐鲁样板新乡村。**科学规划建设乡村，推动全域全要素编制村庄规划，保护传统村落和乡村特色风貌。持续改善农村人居环境，打造一批产业兴旺、生态宜居、民风淳朴、社会和谐的美丽村居。

——**打造新时代农民富裕富足典型示范区。**培养高素质农民，提升农民精神风貌，加速乡风文明升级，提振农民精气神，推动农村焕发文明新气象。重点发展壮大农村集体经济、加强农村“三资”管理、拓宽农民增收渠道。

2. 进一步打响“全国乡村振兴看山东、山东乡村振兴看潍坊”品牌

——**看对全国大局的贡献，**确保粮食安全，确保蔬菜、生猪等重要农副产品供给。

——**看农业科技创新的引领，**坚决打好种业“翻身仗”，突破一批种源“卡脖子”技术，推动设施农业向智慧化迈进。

——**看农业开放水平的带动，**突出抓好农综区建设，强化体制机制创新，为全国农业开放发展提供样板。

——**看农业质量效益的提升，**深化农业供给侧结构性改革，推动品种培优、品质提升、品牌打造和标准化生产，让农业更加高质高效、更具竞争力。

——**看乡村设施面貌的变化，**深入实施乡村建设行动，提升乡村治理现代化水平，建设美丽宜居乡村，让农村更加宜居宜业。

——**看农村乡风文明的传承发展，**弘扬和践行社会主义核心

价值观，推进移风易俗，让文明之风吹遍潍坊农村大地。

——**看农村居民可支配收入水平，**深入推进农村改革，激活农村资产资源，多渠道增加农民收入，让农民更加富裕富足。

——**看城乡融合发展水平的提升，**健全城乡融合发展体制机制，更高水平推动城乡融合发展。

（三）主要路径

1. 坚持以产业振兴带动乡村全面振兴

打造一批国内外农业产业合作项目，鼓励企业海外发展。大力推进农业科技创新，改造提升传统农业。深化农村产业融合发展，打造集生产、加工、销售一体化的农业生产经营模式，大力发展新业态、新模式，推动特色产业发展，形成主导产业。

2. 坚持以创新驱动、标准引领加速农业现代化进程

大力发展现代种业，打好种业翻身仗，打造种业“硅谷”。大力发展智慧农业，推进现代信息技术与乡村经济深度融合。大力发展农业现代化装备，推进现代化装备关键技术创新。支持高等院校、科研院所参与实施重大农业科技项目联合攻关，加快构建“政产学研金服用”一体的创新服务平台。发展现代农业示范区，坚持园区化布局乡村产业，以县为单位开展创建，形成梯次推进农业现代化的格局。

3. 坚持以深化改革释放发展新动能

继续深化农村改革，坚决破除体制机制弊端，增强农业农村发展活力。以土地制度改革为突破口，加快培育新型农业经营主体，健全农业专业化社会化服务体系，发展多种形式适度规模经营。借助农业高端研发平台，加快尖端人才引进，强化农民职业教育，提升农民专业素质。

4. 坚持以扩大开放提升发展新层次

以国家农业开放发展综合试验区建设作为潍坊农业开放发展的头号工程，聚焦政策支持和制度创新，为全国农业开放发展先行先试。拓展外向度，积极融入“一带一路”等区域发展倡议或战略，建设中日韩现代农业产业园、中日现代农业“双基地、双园区”等开放合作试验区。突出市场化，加快推进“3+9+N”产业布局落地，扎实推动中国农创港、国际博览园等项目建设，大力推动中日食品农产品检验检测互认等制度创新，创建农产品出口产业集聚区。

5. 坚持以乡村建设行动打造美丽宜居家园

结合县级国土空间规划编制，有序推进村庄规划编制。实施农村人居环境整治提升五年行动。抓好农业面源污染防治，实施化肥农药减量增效行动，大力推广农牧废弃物资源化利用，发展高效节水农业。深化新时代文明实践中心建设试点，弘扬社会主义核心价值观。健全乡村公共文化服务体系，开展形式多样的群众文化活动，孕育农村社会好风尚。

6. 坚持以党建引领促进乡村善治

强化农村基层党组织建设，重点突出农村基层党组织领导核心地位，推动基层党员队伍建设，把农村基层党组织建设成为坚强战斗堡垒，全面激活农村基层党组织活力。抓好村（社区）“两委”换届，选出“领头雁”、选准带头人。建立完善多元化矛盾纠纷解决机制，深入推进平安乡村建设，维护好农村社会稳定局面。加强乡村德治建设，培养健康社会心态，提升乡村德治水平。

7. 坚持共同富裕增进农民福祉

通过提升农业发展质量、加强就业培训与转移就业、强化扶贫政策保障、推进三产融合等增加农民收入，缩小城乡居民收入差距。发展壮大农村集体经济，继续实施好发展壮大村级集体经济三年行动计划，加强农村“三资”管理，确保村集体资产保值增值。

解决好“三农”问题，始终是全党工作的重中之重。改革开放以来，党中央发布23个一号文件，主题始终聚焦“三农”工作。习近平总书记对“三农”工作历来非常重视。习近平总书记曾在陕北农村插队七年，在河北、福建、浙江、上海等地分管和领导过农业农村工作，对农业、农村、农民有深厚的感情，对“三农”问题也有深入思考。党的十八大以来，习近平总书记站在党和国家事业发展全局的高度，就农业农村改革发展稳定发表了一系列重要论述，多次强调“任何时候都不能忽视农业、忘记农民、淡漠农村”“没有农业农村现代化，就没有整个国家现代化”。每到关键时间节点，习近平总书记都对“三农”工作亲自部署、亲自安排。2013年、2017年和2021年，三次出席中央农村工作会议并作重要讲话。在向第二个百年奋斗目标迈进的历史关口，习近平总书记出席2021年中央农村工作会议发表重要讲话，强调全党务必充分认识新发展阶段做好“三农”工作的重要性和紧迫性，坚持把解决好“三农”问题作为全党工作重中之重，举全党全社会之力推动乡村振兴，促进农业高质高效、乡村宜居宜业、农民富裕富足。

山东是农业大省、经济大省、人口大省，是中华文明重要发源地之一，在全国发展大局中具有重要地位。习近平总书记2018年视察山东时，要求山东发挥农业大省优势，打造乡村振兴的齐鲁样板。近年来，山东省认真贯彻落实习近平总书记重要指示精神，坚定扛起农业大省责任，深入实施乡村振兴战略，乡村振兴齐鲁样板取得积极进展。粮食总产量连续 7 年稳定在千亿斤（1 斤 =0.5 千克，下同）以上，蔬菜、水果、畜产品、水产品等农林牧渔业总产值及第一产业增加值两项指标多年稳居全国首位，农产品出口额连续 21 年领跑全国，2020 年农林牧渔业总产值达到 10 190.6 亿元，成为全国首个农业总产值过万亿的省份，赢得了“全国农业看山东”的赞誉。

潍坊地处渤海莱州湾南岸，陆地面积 1.61 万平方千米，海域面积 1 421 平方千米，辖 4 区 6 市 2 县，常住人口 935 万人，现有耕地面积 1 000 多万亩以上。

潍坊自古农业发达。三皇五帝中舜帝是潍坊人，《史记》记载，舜耕于历山、渔于雷泽、陶于河濒，是三皇五帝中唯一记载农耕文明的帝王。1 500 多年前，潍坊人贾思勰所著的《齐民要术》被誉为“中国古代农业百科全书”，作者被誉为“农圣”。千百年来，农耕文明和创新传统在潍坊大地薪火相传，生生不息。改革开放以来，一代代潍坊人接续奋斗，探索形成了商品经济大合唱、贸工农一体化、农业产业化经营等经验。2018 年，习近平总书记在全国“两会”期间到山东代表团参加审议和视察山东时两次讲到，“改革开放以来，山东创造了不少农村改革发展经验，贸工农一体化、农业产业化经营就出自诸城、潍坊，形成了‘诸城模式’‘潍坊模式’‘寿光模式’”。这既是对山东、对潍坊“三农”工作的肯定，更是鞭策和激励。山东省委、省政府对落实习近平总书记重要指示精神，创新提升“三个模式”、打造乡村振兴齐鲁样板高度重视。山东省委书记刘家义，亲自推动潍坊国家农业开放发展综合试验区设立和建设，推动全国蔬菜质量标准中心落户，明确要求潍坊“在制度机制创新上有突破，在科技创新上有突破，在产业高质量发展上有突破”。近年来，潍坊市深入学习贯彻习近平总书记关于“三农”工作的重要论述和重要指示批示精神，全面贯彻中央决策部署，落实省委工作安排，克服连续两年的洪涝灾害，克服新冠肺炎疫情的严重冲击，坚决打好脱贫攻坚战，创新提升“三个模式”，加快打造乡村振兴齐鲁样板先行区，“三农”工作跃上新台阶。潍坊市 2020 年农业总产值突破千亿元，达到 1 038 亿元，占山东省的 1/10 左右；蔬菜产量、畜禽产量均达到山东的 1/5 左右；农机总产值达到 1 300 多亿元，约占全国的 1/4。潍坊市生姜、胡萝卜、大葱、洋葱出口额分别占全国的 1/4、1/6、1/2、1/7 左右，蔬菜出口量、禽肉出口货值分别占全国的 1/8、1/6 左右。潍坊用全国 1‰的淡水、1.7‰的土地，贡献了全国 7.2‰的粮食、15.7‰的蔬菜、12.7‰的花生，是名副其实的全国米袋子、菜篮子、肉案子、果园子，成为全国重要农产品生产基地、全国重要的优质农产品加工出口基地。

研究潍坊三年来创新提升“三个模式”、实施乡村振兴战略的探索实践，对于全面推进乡村振兴、加快农业农村现代化具有重要的理论意义和现实意义（下图）。

山东农业在全国具有重要地位

■ **山东省是农业大省，农业总产值多年位居全国第一。**

粮食总产量连续 7 年稳定在千亿斤以上，农林牧渔业总产值多年稳居全国首位。2020 年，山东省成为全国首个农业总产值过万亿元的省份，赢得“全国农业看山东”的赞誉。

■ **山东省认真贯彻习近平总书记重要指示，打造乡村振兴的齐鲁样板。**

习近平总书记 2018 年视察山东时，要求山东充分发挥农业大省优势，打造乡村振兴的齐鲁样板。山东省认真贯彻落实习近平总书记重要指示精神，坚定扛起农业大省责任，深入实施乡村振兴战略，乡村振兴齐鲁样板建设取得积极进展。

潍坊创新提升“三个模式”

■ **潍坊成为全国重要农产品生产基地，加工出口基地。**

粮 2020 年，潍坊市农业总产值突破千亿元，占山东省的 1/10 左右；蔬菜产量、畜禽产量均达到山东的 1/5 左右；农机总产值达到 1 300 多亿元，约占全国的 1/4；蔬菜出口量、禽肉出口货值分别占全国的 1/8、1/6 左右。

■ **“三个模式”对推进乡村振兴，加快农业农村现代化具有重要意义。**

潍坊在推动农业生产要素优化配置、推动农业高质量发展、全面推进乡村振兴上积累了丰富经验。

潍坊创新提升“三个模式”的重要意义

一

“三个模式”的演进及本质内涵

1979 年到 1984 年，按照党的十一届三中全会精神，全面推行家庭联产承包责任制，解放了农村生产力，调动了农民的生产积极性，粮食产量逐年上升，农民收入大幅提高，为以后的发展打下了良好基础。1984 年到 1987 年，农村商品生产开始起步，农民面临许多一家一户办不了、办不好的事情，迫切要求各级党委政府、各行业各部门提供有效的服务。潍坊市及诸城、寿光等地针对实际发展情况，进行了积极探索，逐渐形成了“诸城模式”“潍坊模式”“寿光模式”。

（一）“三个模式”的演进

1. 诸城模式

第一阶段，开展商品经济大合唱。诸城市针对“大包干”之后，农村商品生产开始起步，农民面临许多一家一户办不了、办不好的事情，组织开展了商品经济大合唱。基本做法是：市一级，成立农技、农机、畜牧、经管、林果、蔬菜、种子等服务中心，包乡镇、包项目，层层落实服务责任制。乡镇一级，发挥上联各行各业、下联千家万户的优势，配套了相应的服务机构。村一级，以村经济联合社为依托，成立了农业机械、水利灌溉、生产资料供应、农业技术推广等服务小组，为农业生产开展统一服务。1987 年 6 月，山东省委、省政府在诸城召开现场会，推广商品经济大合唱的经验。

第二阶段，推行贸工农一体化。1987 年到 1992 年，为解决城乡经济分割，生产、加工、流通脱节，农民盲目生产、企业被动流通，农产品"买难""卖难"等问题，创新推行贸工农一体化。主要运行方式是，加工经营企业把腿延伸到农村，根据国家计划和市场需求，与农户签订合同，建立农副产品生产基地，提供配套服务，扶持生产，培植货源，组织加工、商贸部门一起，把产品销往国内外市场；农户按合同进行定向生产，定时定量交售产品；经济技术部门积极参与服务；行政综合管理部门搞好宏观管理和协调指导，形成一种宏观指导下的生产、加工、流通"三位一体"的新型经济运行机制，探索了计划经济与市场经济结合的途径，建立起较高层次的大农业系列服务体系。1990 年 7 月，山东省委、省政府推广贸工农一体化的经验。《人民日报》《光明日报》、中央电视台等作了报道。

第三阶段，实施农业产业化。党的十四大确立建立社会主义市场经济体制的目标后，诸城市对贸工农一体化的做法进行总结完善，组织实施了农业产业化战略。基本做法是，改变传统的农村经济领导方式，像抓现代工业那样抓农村经济，依据市场导向，立足本地优势，确立主导产业，划分经济布局，狠抓龙头企业，发展规模经营，形成市场牵龙头、龙头带基地、基地连农户，产加销、种养加、贸工农、经科教一体化经营格局，把传统农业纳入系列化生产、区域化布局、规模化经营、企业化管理的轨道。1999年，全国农业产业化现场会在诸城召开。2013年11月，习近平总书记视察山东时指出，“发端于诸城的农业产业化经营，在全国起到很好的示范引领作用”。

第四阶段，推行农村社区化。从2007年以来，适应农村基层社会生产力发展的新要求和经济社会结构发生的新变化，诸城推行农村社区服务与建设，完善农村社区组织建设，形成了独具特色的“多村一社区”的农村社区建设“诸城模式”。基本做法是，在充分尊重群众意愿的基础上，依法按程序撤销全部行政村，以农村社区为单元，依法选举产生了社区党组织、自治组织和其他配套组织，构建起以社区党组织为核心、自治组织为主体、群团组织和各类经济社会服务组织为纽带的区域化基层组织建设新体系，实现了以行政村为单元的传统社会管理向以社区为单元的现代社会管理转变。被命名为首批“全国农村社区建设实验全覆盖示范单位”。2008年5月8日，时任中共中央政治局常委、中央书记处书记、国家副主席习近平到诸城视察，对相关做法给予充分肯定，并于2009年11月20日给诸城市委回信，希望继续“积极探索实践，创造新鲜经验”。详见图1-1。

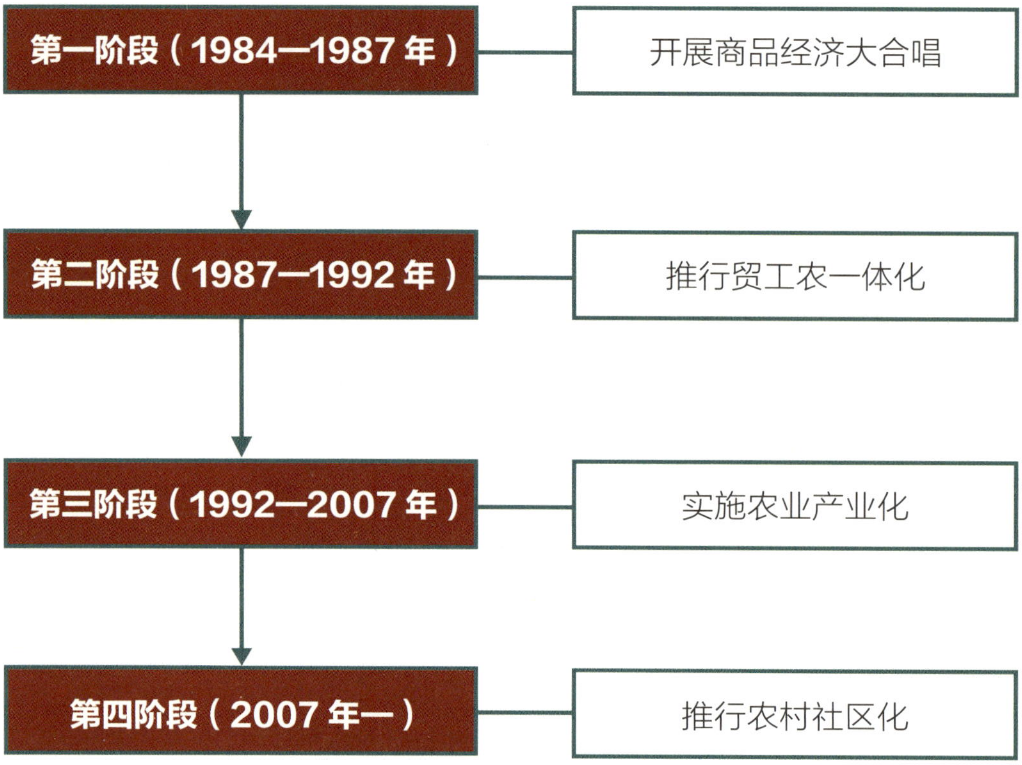

图 1-1　诸城模式的演进

2. 潍坊模式

20 世纪 90 年代，在从计划经济向市场经济转轨时代，农民一家一户分散经营与大市场之间的矛盾越来越突出，一度出现比较严重的"菜贱伤农""粮贱伤农"现象，农业持续发展面临挑战。党的十四大明确提出建立社会主义市场经济体制后，山东省委要求潍坊市在总结提升诸城市商品经济大合唱、贸工农一体化做法基础上，按照建立社会主义市场经济体制的要求，率先探索更高层次的农业发展机制。带着这个重大命题，潍坊市广泛调查研究、全面总结党的十一届三中全会以来农业农村经济发展历程，系统梳理诸城市贸工农一体化、寿光市靠市场带动农村经济，寒亭一村一品、一乡一业，安丘农产品出口等经验做法，学习借鉴了日本、法国、美国等国家农业发展先进理念。在通过总结、对比、借鉴之后，一致认为：要破解农村改革与发展中的深层次矛盾、解放农村生产力，必须靠产业化改造传统的自给半自给的农业和农村经济，使分散经营的农户与国内外大市场紧密衔接，农村经济顺利进入市场经济大循环。1993 年 5 月，潍坊印发实施《关于按照农业产业化要求进一步加强农村社会主义市场经济领导的意见》；1994 年初，山东省委印发 1 号文件在全省推广潍坊农业产业化经验；1995 年底，《人民日报》发表社论《论农业产业化》并配发三篇述评，充分肯定了农业产业化思路和做法；1997 年，党的十五大报告提出积极发展农业产业化经营，首次将农业产业化写入党的报告；2001 年 10 月，全国农业产业化现场经验交流会在潍坊召开，农业产业化在全国全面推行和实施。

以农业产业化为核心的“潍坊模式”，以“确立主导产业、实行区域布局、依靠龙头带动、发展规模经营”为主要内容，体现“生产力标准”的原则。潍坊市从调整生产关系入手，依靠深化改革，创新农业生产的组织形式、经营模式和运行机制，农业农村生产力极大释放。它的全面推行和实施，把千家万户的农民与千变万化的市场紧密连接，促进了农村产业结构升级和资源优化配置，提高了农业比较效益，从本质上讲这也是一次农业供给侧的结构性改革。

2003 年以来，潍坊市委、市政府围绕深化农业产业化经营，积极实施以农业产业化、标准化、国际化，龙头带动、市场带动、科技带动为主要内容的“三化三带动”战略。2011 年，潍坊市委、市政府把发展现代农业的要求从“高产、优质、高效、生态、安全”调整为“安全、优质、高效、品牌”，潍坊农业迈入高质高效发展阶段。党的十八大以来，潍坊市以习近平总书记视察山东提出的“三个导向”（以解决好地怎么种为导向，加快构建新型农业经营体系；以缓解地少水缺的资源环境约束为导向，深入推进农业发展方式转变；以满足吃得好吃得安全为导向，大力发展优质安全农产品）“给农业插上科技的翅膀”为指引，坚持问题导向，深化农业供给侧结构性改革，加快农业转型升级，狠抓农产品质量安全，推动潍坊农业实现了新的发展，现代农业走在了山东乃至全国前列，赢得了“全国农业看山东，山东农业看潍坊”的赞誉。详见图1-2。

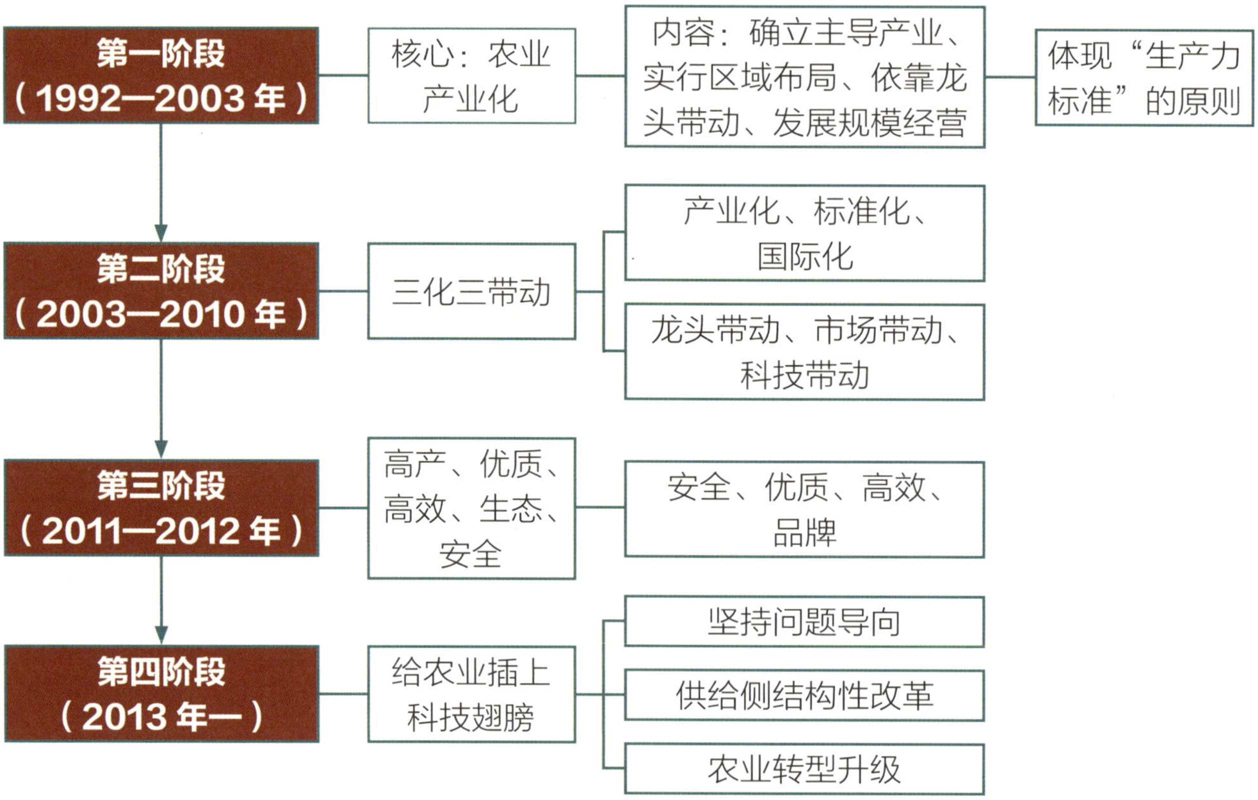

图1-2　潍坊模式的演进

3. 寿光模式

第一阶段，从改革开放初期到1989年左右，随着“包产到户”“家庭联产承包责任制”等推行，传统的自给半自给的农业和农村经济已不适应发展需要，农民在种好粮食作物的同时，冲破计划经济的束缚，开始种植果蔬等经济作物，根据市场导向调整农业内部结构，以建设蔬菜批发市场为突破，推动蔬菜生产走向商品经济舞台，加快农村经济市场化，特别是1985年10月20日，国家副食品生产基地建设会议在寿光召开，确定寿光为蔬菜、果品等综合基地县，蔬菜产业逐步成为寿光农村经济的重要支柱。

第二阶段，1989年到2000年左右，以冬暖式蔬菜大棚研制推广为标志，在全国掀起了一场“绿色革命”，设施蔬菜发展驶入“快车道”，逐步形成了集聚效应、规模优势，推动农村经济融入市场经济大循环，并向全国进行推广。这一时期，寿光市顺应农业组织化程度不断提升的趋势，大力发展蔬菜园区，蔬菜种植面积达到73.9万亩、总产量302.3万吨，产值达到20.5亿元，奠定了寿光“中国蔬菜之乡”的地位。

第三阶段，2000年到2012年，以中国（寿光）国际蔬菜科技博览会举办为标志，搭建起了农民与农业高新技术、农产品与市场对接的桥梁，先后有80多个国家、地区和30多个省（自治区、直辖市）的客商参会，推广国内外新技术300多项、新品种1 000多个，使分散经营的农户与国内外大市场更加紧密衔接，设施农业先进技术加快普及，打响了“寿光蔬菜”品牌，寿光蔬菜享誉国内外。

第四阶段，2013 年至 2018 年，寿光按照习总书记提出的“给农业插上科技翅膀”“农业的出路在现代化，农业现代化关键在科技进步”的要求，全力做好种业研发、现代农业高新技术集成应用等工作，主动扛起振兴民族种业责任，积极探索农业适度规模新型经营方式、组织方式，向全国输出寿光标准和集成解决方案，加快向农业现代化迈进。2016 年 4 月，全国农业科技工作会议在寿光召开，寿光农业供给侧结构性改革做法在《人民日报》《经济日报》等权威媒体刊发推介。详见图 1–3。

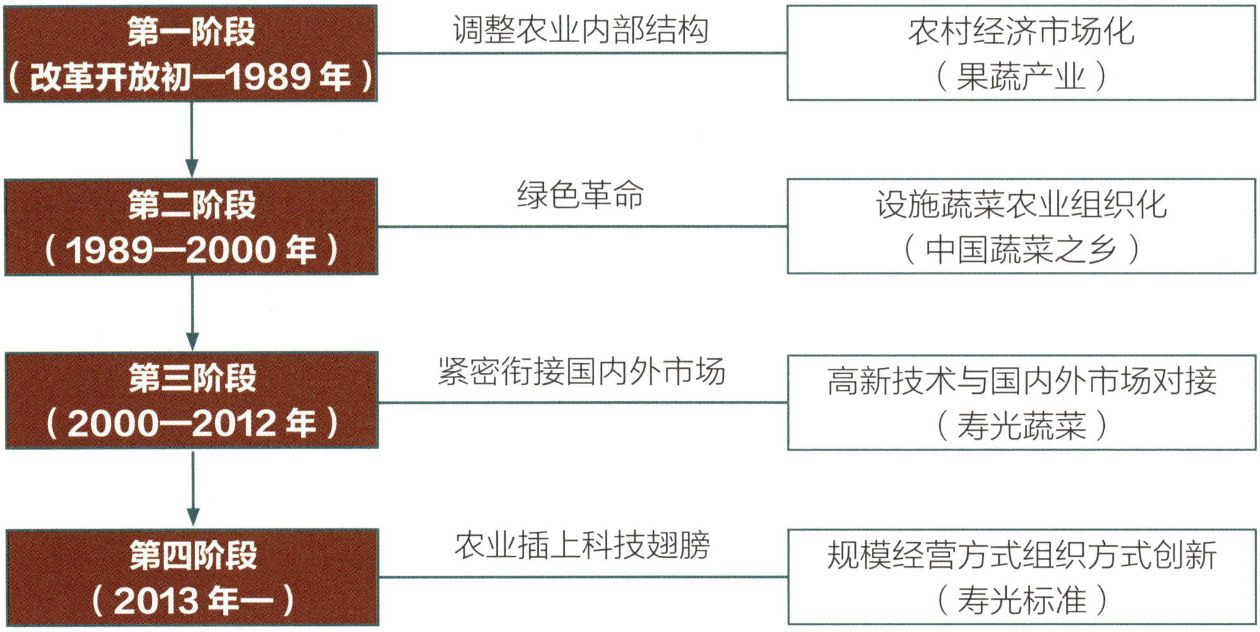

图 1–3　寿光模式的演进

（二）“三个模式”的本质内涵

“三个模式”的核心是农业产业化。**“诸城模式”**主要是商品经济大合唱、贸工农一体化、农业产业化和农村社区化等具体实践，解决的主要是农业生产、加工、流通脱节的问题。**"潍坊模式"**是潍坊各地农业农村改革创新经验的集成，突出农业产业化经营，创新农业生产的组织形式、经营方式和运行机制，解决的主要是农户分散经营与大市场之间的矛盾。**"寿光模式"**主要是蔬菜产业的生产、销售、技术、会展和标准输出等创新经验，解决的主要是蔬菜生产产业化的问题。详见图 1–4。

模式	主要特点	解决问题
诸城模式	商品经济大合唱、贸工农一体化、农业产业化和农村社区化等具体实践。	农业生产、加工、流通脱节的问题。
潍坊模式	潍坊各地农业农村改革创新经验的集成，突出农业产业化经营，创新农业生产的组织形式、经营方式和运行机制。	农户分散经营与大市场之间的矛盾。
寿光模式	蔬菜产业的生产、销售、技术、会展和标准输出等创新经验。	蔬菜生产产业化的问题。

图 1–4 "三个模式"的主要特点

"三个模式"虽有所区别，但其**本质都是推动农业生产要素更大范围、更高层次的优化配置，**充分发挥政府引导作用，将农、工、商、产、供、销紧密结合起来，尊重市场经济规律，用好市场这只"看不见的手"，推动了城乡各类要素资源的双向流动、优化配置。**方向是提高农业产业化水平、推动农业高质量发展，**坚持科技创新、开放发展，用现代装备武装农业，用现代科技改造农业，用对外开放引领农业，提升了农业质量效益，拓展了农业发展空间。**关键是坚持问题导向、大胆改革创新**，坚持什么制约发展就破除什么，哪个方面阻碍发展就围绕哪个方面进行改革，用创新解决发展中遇到的问题，为农业农村发展注入了强劲动力。**归根结底就是解放生产力、发展生产力**，鼓励基层大胆探索农业产业化的具体方式和实现路径，改善了农业生产关系，大大激发了广大农民的生产积极性，解放了农业生产力，推动了农村商品经济的发展。详见图 1–5。

- 本质是推动农业生产要素更大范围、更高层次的优化配置
- 方向是提高农业产业化水平、推动农业高质量发展
- 关键是坚持问题导向、大胆改革创新
- 归根结底就是解放生产力、发展生产力

图 1–5 “三个模式”的本质内涵

总而言之，“三个模式”是在计划经济向市场经济转型的时代背景下探索出来的，凝聚着潍坊人民的智慧、创造和奋斗。“三个模式”的成功实践，特别是农业产业化的理论和制度成果，成为指导我国农业和农村经济发展的重要依据，蕴含其中的理念和做法，直到今天仍然具有很强的现实意义和生命力。

二

新时代创新提升“三个模式”的实践

“三个模式”的诞生与发展离不开实践和创新，创新提升“三个模式”同样要结合新的时代条件和新的实践需要，赋予其新的时代内涵。2018 年 3 月 8 日，习近平总书记肯定“三个模式”以来，潍坊人民将总书记的充分肯定化作前进的动力，按照山东省委、省政府要求，秉承蕴含于“三个模式”之中的内涵和精髓，着力在深化、拓展、创新、提升“三个模式”上下功夫，努力打造乡村振兴齐鲁样板先行区，谱写了新时代创新提升“三个模式”的新篇章（图 2–1）。

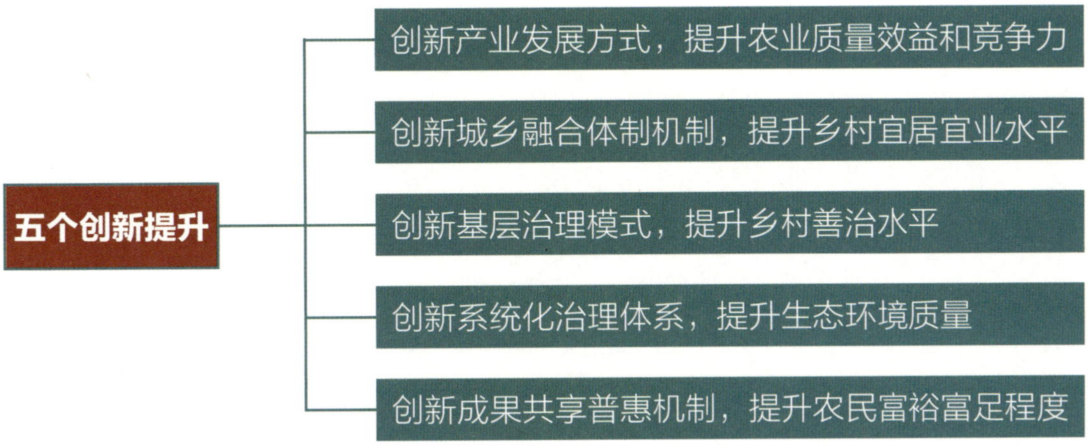

图 2–1　新时代创新提升“三个模式”的实践 ——潍坊“五个创新提升”

（一）潍坊"五个创新提升"的探索实践

1. 创新产业发展方式，提升农业质量效益和竞争力

产业兴旺，是解决农村一切问题的基础和前提。潍坊市是全国农业产业化的发源地，农业一直走在全国前列。近年来，潍坊市把现代农业作为主业，顺应产业融合发展趋势，着力强化科技支撑、开放带动、标准引领、品牌建设，构建现代农业全产业链大格局，农业质量效益和市场竞争力进一步提高，加快建设现代农业强市。

（1）着力提升科技创新水平

2013 年 11 月，习近平总书记到山东视察时提出了"给农业插上科技的翅膀"的要求。潍坊市认真贯彻落实习近平总书记重要指示精神，把科技创新作为发展现代农业的重要支撑，突出抓好创新平台、现代种业、智慧农业"三轮驱动"，农业科技进步贡献率达到 67%，三年提升 5 个百分点。

驱动一：创新平台建设。潍坊市把创新平台建设作为推进农业科技创新的重要载体，集中力量建设农业科技创新平台，集聚农业科技创新资源。国务院批准潍坊建设全国唯一的农业开放发展综合试验区，北京大学现代农业研究院、国家现代蔬菜种业创新创业基地、中国农业科学院寿光蔬菜研发中心、国际种业研发聚集区等重大创新平台先后落户潍坊，设立 30 多家农业"院士"工作站、30 多个省级技术工程中心，引进一批高端科研人才，开展科技研发和关键技术攻关，着力攻克"卡脖子"技术，农业科技创新资源要素

加速聚集。2020年，袁隆平院士团队研发的海水稻在农综区完成产量测评，3.68万亩海水稻平均亩产达到510千克。

★北京大学现代农业研究院。2018年6月，由农业农村部、山东省人民政府共建的北大现代农业研究院落户潍坊市峡山区。目前，研究院已建成平台4个、独立实验室8个，引进美国国家科学院院士邓兴旺、国家级专家张兴平等12名科学家领衔的顶级科研团队，短时间内呈现前沿技术端倪，小麦第三代杂交育种、抗病基因发掘等技术已获国内专利3项。五年内，将建成20个世界前沿实验室、形成300余人的科研团队，打造科研水平全球一流的现代农业研究院。

★中国农业科学院寿光蔬菜研发中心。由中国农科院蔬菜所与寿光市人民政府合作共建，将面向世界科技前沿、国家重大需求和蔬菜产业主战场，开展全产业链技术研究。目前，已建成分子生物、细胞工程、病虫害综合防治3个实验室，实验基地400亩，3个番茄新品种已取得植物新品种权保护证书，5个番茄新品种正在向农业农村部申报新品种知识产权保护。

★寒亭国家现代农业产业园。总占地90.7平方千米，主要围绕寒亭西瓜、潍县萝卜两大主导产业，探索建立“生产、加工、科技、品牌、营销”全产业链发展模式，2019年4月农业农村部正式授牌。目前，基本建成产业园技术集成示范区、高标准种植提升区、科技仓储物流区等六大功能板块，累计完成投资40亿元，入园企业12家，搭建西甜瓜研究院、优奈尔分子育种实验室等“政产学研”科技创新平台15个，登记西甜瓜新品种20个，取得山东省级以上科研成果10多项。以“寒亭产业园”模式，在海南、内蒙古自治区（以下简称内蒙古）、新疆维吾尔自治区（以下简称新疆）等地建设西甜瓜、精品葡萄等生产基地1万余亩，在塞内加尔、巴基斯坦等“一带一路”国家发展蔬果种植园区2万余亩。

驱动二：现代种业创新。习近平总书记多次强调“下决心把民族种业搞上去”。潍坊市把现代种业作为农业的“芯片”重点突破，着力构建“科技创新、良种繁育、市场推广、技术服务”四大体系。种业研发企业达到34家、数量占山东省一半，育苗企业达到260多家、年育苗能力达17亿株以上。把培育壮大种业企业作为突破口，支持鼓励种业企业开展种业资源整合，成立种业科技创新联盟，加大种源“卡脖子”技术攻坚力度。目前，潍坊良种覆盖率达到98%；“十三五”期间，共审定品种24个，取得品种权84个，国产蔬菜品种市场占有率达70%，在芦笋、大白菜、萝卜、西甜瓜等蔬果作物育种方面全国领先，改变了过去受制于国外品种的局面。

★青州市的华盛农业有限公司是世界种子联盟（ISF）成员、亚太种子协会（APSA）会员、中国种子协会常务理事单位，拥有科研人员46名，其中荷兰及韩国育种专家5名，培育泰山系列人才2名，育成萝卜、白菜、西葫芦等16类蔬菜作物品种300多个，出口到欧洲、中东、东南亚、美国、澳大利亚等20多个国家和地区。

★小麦新品种。山东菲达种业科技有限公司培育出菲达6号、V1912等多个小麦新品系，2021年审定后将打破了潍坊近20年没有小麦新品种的情况。其中，菲达6号小麦种通过近几年试验推广种植中，产量达到1 600斤的高产突破，并且在抗病性、抗倒性表现优异，尤其抗白粉病方面表现突出。

★戴安娜番茄。寿光市旺林农业研发的戴安娜番茄，在普通番茄价格不到2元时，它的终端零售价格已达20元，而且供不应求。

驱动三：发展智慧农业。当前，云计算、物联网、区块链、人工智能等现代信息技术与现代农业深入融合，深刻改变了农业生产方式，极大地提升了生产效率。潍坊市把发展智慧农业作为提升农业现代化水平的重要抓手，大力实施“互联网＋现代农业”行动，推动现代信息技术与农业生产、经营、管理、服务加快融合。发端于潍坊的大棚种植曾引发一场“白色革命”，但传统大棚种植是一个苦活、累活，现在智慧大棚已发展到第七代，通过手机就能远程控制施肥、浇水和温度、湿度等，大大减少了劳动强度，亩均增产30%以上。目前，潍坊建成智能化大棚3万多个，发展智慧农场、智慧牧场各100家。

★潍坊农业大数据平台。潍坊市整合农业、畜牧、农机信息化平台，建设农业大数据平台，开发完成“慧种田、慧种菜、慧养殖、慧监管、慧农机”五大数据模块，汇集了大量农业生产经营数据，在推进农业经济的优化，实现可持续的产业发展和区域产业结构优化等方面发挥了重要作用。

★赵春江院士团队设计的新一代智能玻璃温室，单体占地 120 亩，应用 120 多项专利技术，融合物联网、大数据、云计算、人工智能等前沿技术，装备精准水肥、智能环控、潮汐灌溉、多功能机器人等高端装备，大幅提升劳动生产率，较荷兰模式温室降低能耗 50% 以上。

（2）着力提升开放发展水平

习近平总书记在第二届“一带一路”国际合作高峰论坛上强调，要推动现代农业全方位对外开放。近年来，潍坊市抓住推进新一轮高水平对外开放的战略机遇，统筹“引进来”和“走出去”，对外积极对接“一带一路”，对内主动融合粤港澳大湾区建设等国家战略，主动融合和服务以国内大循环为主体、国内国际双循环相互促进的新发展格局。

潍坊国家农业开放发展综合试验区。2018 年 8 月 31 日，国务院批准设立潍坊国家农业开放发展综合试验区（简称“农综区”），由农业农村部和山东省人民政府共同组织实施，目标是打造成为全国农业开放发展引领区、农业科技创新先行区、农村一二三产业融合发展示范区。农综区涵盖潍坊全域，其中核心区规划面积 120.9 平方千米；核心区以外的区域为辐射区。两年多来，潍坊市按照“三年大见成效、五年形成样板”目标，出台《关于支持潍坊国家农业开放发展综合试验区建设发展的意见》，下放 51 项市级经济权限，改革农村产权交易中心、东亚畜牧交易所，创新进口种牛隔离场监管等，制度建设取得新进展；把项目建设作为集聚要素资源的重要载体，正大、新希望、伊利、仙坛、龙大、民和、大北农等龙头企业先后落户潍坊，国际博览园、中国农创港、国际种业研发集聚区、中日现代农业“双国双园”、粮谷驿路等一批重点项目加快建设；成功举办中国—中东欧国家特色农产品云上博览会和首届潍坊国际食品农产品博览会。

★破解国际贸易壁垒。建立食品农产品技术性贸易措施研究评议基地，组织基地专家研究 WTO 相关贸易规则，针对国外对我国出口农产品设置的技术性贸易壁垒，向海关总署提出特别贸易关注，通过 WTO 谈判，促使韩国取消对胡萝卜缨存在斑马病毒怀疑、对输韩蒜薹由抽检改为批批检、异菌尿指标从 2 毫克 / 千克提高到 0.1 毫克 / 千克等限制措施，成功解决相关出口农产品屡屡被退运问题，使全国同类产品受益。

★政策保障。潍坊市进一步加大财税、土地、金融等方面的政策支持力度，向核心区下放第一批 51 项市级经济管理权限。山东省和潍坊市财政每年安排 1.6 亿元专项资金集中用于农综区建设。

★ 东亚畜牧交易所。该项目是 2014 年李克强总理在东亚合作领导人系列会议上倡导成立的东亚经济合作高端平台，经国家部际联席会议获批建设，是国内唯一的国家级畜牧产业综合服务平台。2020 年 9 月完成股权重组，2021 年 3 月 8 日上线试运行鸡胸肉、白条鸭、牛腩的现货购销交易，截至3月底交易量突破7亿元。5月上线现货竞价、现货挂牌交易模式，交易品种扩大至鸡鸭猪牛羊五大类产品218个品种，全年预计实现交易额50亿元以上。

提升农产品出口竞争力。潍坊外向型农业规模较大，农产品出口一直走在全省前列。近年来，潍坊市借助建设国家农业开放发展综试区的机遇，加大国际市场开拓力度，更多聚集国内外优质农业资源，扩大农业双向对外开放，带动全域高质量发展。潍坊市拥有食品生产资质出口企业748家，区域性特色农副产品出口基地达到120多处，出口蔬菜备案种植场1 400多处，出口保鲜菜生产基地42万亩，出口禽肉备案养殖场220多处，农产品远销日本、韩国等120多个国家和地区。从常年数据看，生姜、胡萝卜、大葱、洋葱出口分别占全国的1/4、1/6、1/2、1/7左右，熟制禽肉出口约占全国的1/6、占山东省的近1/3。2020年，潍坊农产品出口逆势上扬，出口额达到109.2亿元，同比增长4.3%。

★举办中国—中东欧国家特色农产品云上博览会。14个中东欧国家21名驻华使节等参加，近百家中东欧企业入驻线上展馆，11位中东欧国家使节参与直播推介，超650万名观众云端观看直播。

★安丘市设立农谷国际贸易综合服务中心。提供原产地证书申签发放、电子口岸、海运订舱、进出口通关等“一站式”服务，免费为企业办理出口产品信用保险。2020年度有海关出口实绩的农产品企业达160家，农产品出口总量为43.32万吨，出口额32.55亿元，同比增长12.4%。

深化农业开放合作。潍坊市充分发挥农业、农机、种业等优势，深度融入“一带一路”倡议，强化与荷兰、以色列等农业发达国家合作，支持企业实施海外并购或在“一带一路”国家投资建厂（园区），开拓国际市场，提高潍坊农业国际竞争力。目前，潍坊共培育“走出去”农业企业有9家，在海外设立了15家农业企业，占山东全省的17.44%。雷沃重工股份有限公司在全球120多个国家和地区建立了农机营销服务网络，在意大利设立欧洲研发中心，并收购阿波斯品牌农机企业。雷沃重工、锦昉棉业、润丰化工3家企业入选全国农业对外合作百强企业。对内主动对接粤港澳大湾区建设等国家战略，积极融入山东自贸区、青岛上合示范区，认证粤港澳大湾区“菜篮子”生产基地和加工企业80家、数量全省第1，获批国家跨境电子商务综合试验区。

★寿光蔬菜产业集团在荷兰从事蔬菜、园艺作物的种植及种业研发，依托寿光蔬菜种业集团，实行兼并、收购与自主创新相结合，收购了荷兰亚细亚种业集团育种研究所60%的股权和贝尔亨现代农场，采用工厂化生产模式种植蔬菜，大量的潍坊蔬菜实现了“产地销”。

（3）着力提升标准引领

标准化是农业竞争力的重要标志。潍坊市大力推行农产品生产及流通的全链条标准化，以标准化带动专业化和规模化。

加快完善标准体系。大力推行农产品生产及流通全链条标准化，加快完善质量标准体系，集成了一批全产业链生产标准，实现主要农产品标准体系全覆盖。建成并运营全国蔬菜质量标准中心，已编制37种蔬菜生产标准和番茄、黄瓜2项全产业链行业标准，为确保“舌尖上的安全”提供了重要标准依据，从根本上解决了蔬菜质量安全问题。浙江大学诸城高品质肉研究中心集成研发生猪、白羽肉鸡两个全产业链标准规范，已在20家企业推广应用。建设标准实施体系，在新型经营主体和农业园区实施标准化，建立质量安全联盟，加快实现全主体可控制、全流程可追溯，推进国内国外市场“同线同标同质”。

★全国蔬菜质量标准中心。2018年7月，由农业农村部和山东省人民政府联合建立，致力于打造蔬菜全产业链标准集成和研发中心、蔬菜质量安全评估和预警中心、蔬菜品牌培育和品质认证中心、蔬菜信息交流和技术服务中心。组建由方智远、李天来、邹学校、赵春江4名院士领衔的67名专家组成专家委员会。编制的《日光温室全产业链管理技术规范》（番茄、黄瓜）2项农业行业标准获农业农村部发布，填补国内空白；《粤港澳大湾区蔬菜生产基地良好农业操作规范》（番茄、黄瓜、辣椒、茄子、西葫芦、菜豆）6项团体标准由山东省蔬菜协会发布，是国内首批服务粤港澳大湾区“菜篮子”生产基地的标准化技术规范。举办三届全国蔬菜质量标准高峰论坛，“蔬菜标准”输出到江西、内蒙古、四川、西藏等27个省（区）。

强化质量安全监管。民以食为天，食以安为先。潍坊市在农产品质量安全管理上，探索建立与国际标准接轨的农产品质量安全监管模式，实施绿色优质农产品提升计划，整建制、全产业链提升农产品质量安全监管水平。落实属地管理责任、部门监管责任和生产经营者主体责任，加强“从农田到餐桌”全过程监管，建立农产品质量监测预警、安全追溯体系，农产品抽检合格率稳定在99%以上。全域推进农产品质量安全市创建，潍坊市整市获评“国家农产品质量安全市”。

★网格化监管。潍坊市健全完善“产地环境绿色化、生产过程标准化、监管责任网格化、质量控制全域化”和市、县、乡、村四级质量安全监管体系，发挥5 954名农产品质量安全村级监管员和953人的基层防疫安全协管员作用，开展农产品质量安全网格化监管。

★安丘市农产品质量安全监管。源头控制，实行网格化监管，构建起市镇村三级联动的监管网络。标准引领，坚持有标贯标、无标建标，形成以国家行业标准为主体，与国际标准接轨的农业标准体系。产地准出，推行“二维码追溯＋食用农产品合格证”农产品产地准出管理机制，对重点主体、重点品类全覆盖，全力保障群众舌尖上的安全。

（4）着力提升产业融合发展水平

把现代产业发展理念和组织方式引入农业，推动三次产业深度融合和现代农业经营模式创新。

加快培育新业态新模式。潍坊市制定实施《关于加快培育农业"新六产"推动现代农业发展的实施意见》《潍坊市农业"新六产"发展规划（2018—2022 年）》，出台 10 项支持政策和保障措施，聚焦农业产业链、价值链、供应链"三链重构"，形成粮食、蔬菜、畜禽、花卉、苗木、果品、种子、农机八大优势产业集群，寿光蔬菜产业集群获批国家首批优势特色产业集群建设项目。积极推动农业与工业，农业与休闲旅游、健康养生等深度融合，中百大厨房、薰衣草小镇等新业态新模式加速涌现。把园区建设作为融合发展的载体，创建国家级现代农业产业园 1 家、国家级"一村一品"示范村镇 14 个、全国乡村特色产业亿元村 1 个、国家级休闲农业园区 4 个，成功打造了 3 个国家级休闲农业与乡村旅游示范县。积极发展农村电商，农产品电子商务企业发展到 2 000 余家，网络商铺 2 万家以上，获批国家电子商务进农村示范县 4 个。

★中百大厨房。由潍百集团投资建设，是山东省农业产业化重点龙头企业。该项目上游联着潍坊各县市区及周边县市 70 余个蔬菜基地和全国各地的 30 余个水果基地，下游靠着 700 多家直营、连锁店和"宅配套餐"网上配送、中百 e 购农产品的网上销售，实现了农产品从田头到餐桌、从初级产品到终端消费的无缝对接。

★临朐薰衣草小镇。种植薰衣草3 000亩，形成了种植、产品深加工、休闲旅游的全产业链条，年产薰衣草精油50吨、纯露4 000吨，生产玩具、饼干等薰衣草系列制品300万件；建设服务展示大厅、特色商业街、悬崖生态餐厅、台湾主题青舍橘屋精品民宿等景观节点和高空滑翔、户外攀岩等体验性项目，培育出了“农业＋旅游”“农业＋康养”等多种业态。累计吸引国内外游客25万人次，实现旅游收入1.9亿元。

★寒亭区前阙庄村。大力推进村庄城镇化、村民市民化、收入股份化、农业产业化、生活田园化、生态旅游化，建设东篱田园综合体，将周边13个村庄纳入整体规划，打造集产业、教育、医养、交通等于一体的乡村振兴共同体，被评为国家农业公园。

发展产业化联合体。赋能新型农业经营主体本身，使其在可持续发展的前提下探索新动能，进而引领农业产业效益提升和优化调整，是首要和基础性工作。潍坊市通过实施龙头企业和产业联合体“双十”培育计划，培育10家产值过10亿元全产业链一体化农业龙头企业、10家产值过50亿元的农业产业化联合体。狠抓大项目建设，正大360万只蛋鸡全产业链项目、新希望六和年出栏300万头生猪项目、伊利10万头奶牛牧场项目、仙坛1亿只白羽肉鸡项目、龙大50万只生猪全产业链项目、民和白羽肉鸡加工项目、大北农20万只生猪项目、正大国际蔬果产业园、正大中央厨房、粤港澳大湾区“菜篮子”配送中心等项目先后落户建设。目前，潍坊发展市级以上农业龙头企业838家，其中国家级14家、省级104

家，18 家农业龙头企业获评全国农业产业化龙头企业 500 强，重点龙头企业数量居山东省首位。

★正大 360 万只蛋鸡全产业链项目。投资 10.83 亿元，占地面积 696 亩，包含肉品、蛋品及果品深加工、中央大厨房等板块，旨在打造贯通从土壤到舌尖的完整供应链、产业链、价值链和生态链的正大产业城，2021 年底全部建成投产。

壮大新型经营主体。潍坊市持续开展合作社、家庭农场示范创建和规范提升，着力构建家庭经营、合作经营、集体经营、企业经营共同发展的新型农业经营体系。

通过规范提升，潍坊注销“空壳社”4 409 家，指导规范合作社 3 777 家。目前，登记注册农民合作社 22 958 家，国家级合作社示范社 50 家、省级 325 家、市级 620 家；家庭农场 8 949 家，其中省级示范家庭农场 101 家、市级 448 家。

★高密市宏基农机专业合作社。探索开展“整建制村庄生产托管”，即由村党支部牵头组织成立村土地股份合作社，集中全村土地，再向宏基合作社购买服务，在耕种、植保、收获、烘储等环节进行农业生产规模化服务。合作社共托管 24 个村的 3.2 万亩土地，实现了高密市咸家工业区“全镇托管”，带动 3 000 多农户增收。“经营主体合作化 + 生产服务规模化”的新型农业生产经营做法，入选全国典型案例。

（5）着力提升品牌价值

潍坊市坚持做好“特”字文章，培育发展特色农业，发展形成粮食、蔬菜、畜禽、花卉、苗木、果品、种子、农机八大优势产业集群，蔬菜、畜牧、农机三个主导产业全产业链产值均超过千亿元。设施蔬菜产业集群列入全国第一批产业集群培育名录，成为中国北方地区最大的蔬菜生产和集散地，京津地区和粤港澳大湾区“菜篮子”产品供应基地。把农产品品牌建设作为发展高效农业、提升农业竞争力的重要措施，充分发展政府引导作用，以市场为导向，构建起“政府引导、企业主体、社会参与”的农产品品牌建设机制。印发《潍坊市农产品品牌提升方案（2020—2022 年）》和果业、大姜、潍县萝卜品质提升方案，出台《2020—2022 年潍坊市农产品品牌奖励办法》，成立潍坊农品品牌协会，“三品一标”农产品总数达到 1 084 个，昌邑大姜、昌乐西瓜、寿光桂河芹菜入选全国知名农产品区域公用品牌，青州银瓜、潍县萝卜入选山东省知名农产品区域公用品牌，七彩庄园牌蔬菜等 38 个产品入选省级知名农产品企业产品品牌，“安丘大姜”“安丘大葱”入选中国首批受欧盟保护地理标志，昌邑生姜、寿光蔬菜、昌乐西瓜被评为中国特色农产品优势区，临朐山楂、青州蜜桃被评为山东省特色农产品优势区。加大品牌宣传推介力度，在央视新闻频道开展寿光蔬菜等 5 个区域公用品牌集中宣传推介，连续举办 4 届潍坊农品北京品牌推介展销会，组织品牌农产品参加全国绿博会、农交会，举办农民丰收节系列宣传活动，打造了寿光菜博会、青州花博会、昌邑绿博会、寒亭萝卜节、昌乐西瓜节、临朐大樱桃节等一系列国内外知名节会。

★郭牌西瓜。始于1980年，品牌注册于1993年，经过40余年的发展，郭牌农业已经在新疆、内蒙古、辽宁、山东、云南、海南等地根据纬度布局8个大型种植基地，基地面积达13 000余亩，实现西瓜年度上市达300天以上，2020年销售额达到2.2亿元。郭牌西瓜发展之路，其实是“潍坊模式”对外输出的一个成功范本，近年郭牌计划在新疆地区布局万亩精品西甜瓜基地，带动地区西甜瓜产业发展，2020年已经完成3 000亩正式投产。《人民日报》、新华社等媒体多次对“郭牌”西瓜产业化助推农业增效、农民增收作了报道，其中，《人民日报》发表的特别报道《驻村三记》中特别提到郭牌西瓜内蒙古基地的精准扶贫成功案例。人民生活水平日益提高，农产品品质消费、品牌消费渐成气候。郭牌西瓜各环节标准管控，引入国内首条“西甜瓜智能无损分拣流水线”以过硬的产品质量打市场、赢口碑、树品牌，很好地满足了需求升级。

2. 创新城乡融合发展体制机制，提升乡村宜居宜业水平

习近平总书记强调，走城乡融合发展之路。潍坊市顺应融合发展大趋势，着力破解乡村振兴要素投入不足、城乡要素配置不合理问题，加大在农村基础设施和公共服务上的投入，不断提升农村居民的幸福感、获得感，走城乡融合发展之路。

（1）推动资源要素向乡村聚集

潍坊市围绕破除妨碍资金、土地、人才等城乡要素合理流动的机制障碍，出台支持工商资本下乡的意见、支持乡村振兴和巩固提升脱贫攻坚成果的若干政策、农业农村优先发展的政策措施等一揽子文件，增强制度供给，为乡村振兴注入新动能。

人才方面。乡村振兴，关键在人。潍坊市围绕创新提升“三个模式”对人才的需求，出台人才新政“20 条”等政策，抓好创新人才团队引进和高素质农民培育，推动乡村人才振兴。抓好创新人才团队引进，制定了加强农业农村等领域人才队伍建设政策文件，对人才最高给予 300 万元购房补贴，引进乡村振兴高端人才 2 300 多人、占全部高层次人才的 1/3，拥有现代农业类国家“万人计划”专家 8 人、泰山产业领军人才（泰山学者）14 人、齐鲁乡村之星 67 人。抓好创新创业平台建设，以联创共建为突破，乡村创业平台实现区域全覆盖，省级创业型城市、镇街数量位居全省前列。积极推进智慧农业创新平台建设，新建 10 个产业技术研究院，占全省的 1/6，创建国家引智引才示范基地 1 家、省级乡村振兴专家服务基地 2 家、省级乡村振兴继续教育基地 2 家，设立院士工作站 36 家。围绕培养更多爱农业、懂技术、善经营的高素质农民，建设潍坊农民职业学院，用好农民讲习所、农民实训基地、“田间学校”等平台，累计培训新型农业经营主体带头人、农业经理人等 3.6 万多人，全市农村实用人才总量达 23 万余人。发展职业教育，全市有 6 所高职院校、17 所中职学院开设涉农专业，在校农科生 1.3 万余人，每年毕业生达 3 500 多人。

★职业教育。潍坊有高职院校12所、中职学校30所（不含技工类学校），其中，6所高职院校、17所中职学院开设涉农专业，在校农科生1.3万余人，每年毕业生达3 500多人。目前，潍坊共有各类农村实用人才23万余人，其中生产型人才8.86万人，经营型人才0.62万人，技能服务型人才10.4万人，技能带动型人才2.84万人，社会服务型人才0.3万人；拥有农业专业技术人员5.1万人。

土地方面。习近平总书记指出，乡村振兴要用好深化改革这个法宝。深化农村土地制度改革，稳妥慎重推进农村宅基地“三权分置”改革、农村集体经营性建设用地入市改革，昌乐县2宗、161.76亩集体经营性建设用地入市，实现了工作破题。以土地“三权分置”改革为抓手，探索形成了“土地流转+土地托管”和6种农业适度规模经营模式，流转土地452万亩，托管土地210万亩，土地规模经营化率达到68%以上。通过改革山东农村产权交易中心运行机制，促进资源要素市场化配置，在全国率先创设了“交易鉴证+抵押登记+专业担保+风险补偿+不良处置”的农村产权抵押融资模式，已完成农村土地承包经营权交易业务5 100多笔，交易农村土地45万多亩、交易额55.7亿元。潍坊市供销社与农村社区、合作社、信用社“四社”共建，为农民提供土地托管、农机作业、统防统治等生产服务，托管土地面积60万亩，有效解决“谁来种地、地怎么种”的问题。

★农村集体经营性建设用地入市。这是支持乡村振兴的一项重要举措，有利于推动城乡统一的建设用地市场建设，有利于增强农村产业发展用地保障能力，也有利于激活农村土地资产，促进农村集体经济发展、基础设施建设和公益事业发展。潍坊市对集体经营性建设用地入市开展情况、入市需求及存在的困难问题进行全面调查摸底，摸底农村集体存量建设用地总量底数。积极对接项目所需，探索实施路径。2021 年 3 月 1 日，潍坊市首批集体经营性建设用地入市交易，昌乐县英轩实业有限公司竞得 2 宗集体经营性建设用地使用权，出让面积 161.76 亩，标志着潍坊市落下了集体经营性建设用地入市的“第一槌”，实现了工作破题，探索了模式，积累了经验。

★昌邑市青阜农业公社。主要是以粮食生产为核心，通过土地流转和土地托管两种方式整合土地资源，实现小麦、玉米、大豆、高粱等粮食作物规模化种植、标准化生产、机械化作业。目前，青阜农业公社流转和托管土地面积 6.8 万亩，生产小麦 6 600 吨、玉米 7 260 吨、大豆 2 250 吨、棉花 1 080 吨、苜蓿 33 万吨，已发展成为山东省内土地经营规模最大、机械化程度最高、基础设施配套最全、服务链条最完整的现代农业综合体。

资金方面。乡村振兴需要真金白银的投入，潍坊市出台《涉农整合资金绩效管理办法》，2020 年整合涉农资金 102.4 亿元，与 8 家商业银行签订金融支持乡村振兴战略合作协议，涉农贷款余额 4 158.88 亿元。建设“乡村振兴普惠金融服务平台”，完成授信农户5 548户、企业271家，授信总额度18.12亿元，发放贷款12.35亿元。把PPP运作模式引入乡村振兴，综合运用配套奖补、贷款贴息等方式，撬动390多亿元工商资本投向乡村。创新财政金融融合机制，探索形成"国有平台投资+专业公司运营+农户承包经营"现代农业园区"三方共建"模式，发展"三方共建"园区18处，面积10.6万亩，带动农户增收3.3亿元，经验做法在新华社内参《高管信息》刊发。

★诸城市创新财政金融融合机制，探索"国有企业+社区公司+种植农户"的市场化组织形式，发展大樱桃和矮化苹果规模化种植。运作模式是：国有企业投资建设园区，社区公司负责土地流转和组织农户，农户首付20%即可租赁经营，从第四年开始分别按照15%、15%、20%、30%比例缴纳资金，之后果园即为农户所有，收益全部归农户。据测算，一个占地3亩的智能樱桃大棚，总投入30万元，农户只需缴纳首付6万元即可使用，大樱桃盛果期每亩产量3 000斤左右，按平均价格每斤35元计算，每亩收入10万元以上，扣除费用和成本，每亩纯收入6万元以上，费用还清后收入还会大幅增加。

（2）抓好乡村基础设施建设

潍坊市把基础设施建设的重点放在农村，持续加大投入力度，加快补齐农村发展短板。深入开展"四好农村路"建设和农村通户道路硬化工作，实施路网提档升级、自然村庄通达、路网状况改善、运输服务提升等重点工程，两年新建、改建各类农村道路3 000多千米，建设客运站点686个。深入实施农村道路“户户通”，6 449个村完成农村通户道路硬化，占比达99.2%。实施“数字乡村”战略，加快农村地区宽带网络和5G网络覆盖步伐，开发适应“三农”特点的信息技术、产品、应用和服务。实现了村村通自来水，确保饮水安全。以“根治水患、防治干旱”为目标，狠抓水利工程建设，617座水库兴利避害作用不断增强，农村防灾减灾救灾能力进一步提升。

★水利工程。2018年、2019年，连续两年的洪涝灾害，给潍坊市造成严重损失。潍坊市以“根治水患、防治干旱”为目标，坚持系统思维，统筹山水林田湖草系统治理，统筹全流域、上下游、左右岸、防汛与抗旱，两年投入约200亿元，谋划实施815项重点水利工程，防洪减灾能力显著提升，夯实了经济社会发展的水利基础，成为造福百姓的“民心工程”、百年工程。这是潍坊有史以来水利工程建设投资最多、任务最重、成效最大的时期。

（3）提升农村公共服务水平

随着经济水平的提高，在乡村地区，必要的教育、医疗等公共服务体系建设，群众也越来越关心。在乡村振兴的大背景下，要建设好农村，除了基础设施建设外，公共服务体系的水平也不能落下。特别是在教育、医疗和社会保障“三大板块”上，需要下足“绣花功夫”，久久为功持续建设，才能取得良好的效果。潍坊市坚持在发展中保障和改善民生，改革发展成果更多更公平惠及农村群众。抓好教育资源均衡配置，新建改扩建农村学校8所，投入2.1亿元提升乡村学校硬件配备，为乡村学校补充教师1 262名，城乡教师实现交流1 285人，面向乡村学校评审正高级教师15名，推选认定优秀乡村青年教师99名，13名教师入选山东省乡村青年教师奖励计划。抓好乡村医疗卫生水平提升，建设699处示范标准村卫生室，实施“万名乡医培训”行动，组织培训36 637人次。社会保障向农村全覆盖。在110多个镇街、1 800多个社区构建起以提供就业和社会保障服务为主，涵盖劳动关系、调解仲裁和劳动监察等职能于一体的基层公共服务平台，实现了“半小时公共服务圈”。积极落实城乡统一的就业失业登记制度。各县市区社保经办机构与合作金融机构、软件开发公司共同开发便民设备，形成了“参保登记进社区、缴纳保费在村居、待遇领取到网点、信息查询找社区”的一条龙服务模式，实现参保登记、参保缴费、养老金领取、权益查询“四个不出村”。2020年继续将缴费困难居民基本养老保险费政府代缴标准由每人每年100元提高到300元，确保困难群体全面纳入城乡居民养老保险覆盖范围；推进贫困人员城乡居民基本养老保险应保尽保工作，实现年满60周岁贫困人员居民养老保险应保尽保。农村社区服务中心实现全覆盖，平均面积达650平方米，形成了3千米左右服务半径。深化社区服务，配套完善卫生室、书画室、棋牌室、文体活动室、“四点半”学校等功能，村民在家门口就能享受到与城里人基本相同的公共服务。

★教育是实施乡村振兴战略的“助推剂”，潍坊市制定实施《潍坊市推进乡村教育振兴实施方案》，对乡村教育振兴作出总体部署，重点实施乡村学校布局优化、办学条件提升、教育带头人培养、教师配备等 11 项工程。制定年度问题清单，建立月调度、季通报、半年点评、年终考核工作推进机制，推动工作深入开展。加快改善乡村教育办学条件，实施校园建设三年攻坚行动，投入 39.68 亿元，开工建设 39 所学校、154 处幼儿园，“学有所教、幼有所育”落到实处，学前教育毛入学率达到 99%。深化教师管理体制机制改革，逐一梳理乡村教师有关政策，明确落地落实 30 项重点事项清单，退补相当为乡村学校补充教师 1 262 名，深化教师“县管校聘”改革，城乡教师实现交流 1 285 人，全面落实管理标准化等 7 方面重点、43 条建设标准推动乡村学校全面提升办学质量。

3. 创新系统化治理体系，提升生态环境质量

良好的生态环境是农村最大的优势和宝贵财富。潍坊市坚持把巩固拓展生态优势作为乡村可持续发展的持久动力，自觉践行绿水青山就是金山银山的理念，把农业绿色发展、农村人居环境整治、乡村生态建设结合起来，让良好生态资源加快升值、成为创新提升“三个模式”的支撑点和引爆点。

（1）加快农业绿色发展

潍坊市在推动农业高质量发展进程中，首先过好绿色发展这个“坎”，打好绿色发展这张“牌”。组织实施绿色发展计划，统

筹产、销、管三个环节，深入推进农药化肥减量增效，推广土地深翻、测土配方施肥、水肥一体化、病虫害绿色防控等综合配套技术。

实施农药化肥减量增效计划，推动单位面积化肥农药减量，有机肥施用量逐年递增，化肥、农药使用量较“十二五”末分别下降15.7%和20.5%，农用水使用实现“零增长”。开展投入品生产企业ABC分级管理，严格管控剧毒农业，在全国率先以地方立法的形式出台《禁用限用剧毒高毒农药条例》。

★《潍坊市禁用限用剧毒高毒农药条例》，进行“四统一定两确保”制度设计，即统一采购、统一储备、统一服务、统一监管，定点经营，确保管好每一瓶农药，确保需用药时能够提供及时有效的服务，实现了对剧毒高毒农药的最严格管控。这是全国第一部剧毒高毒农药管理方面的地方性法规。

实施土壤改良专项计划，通过政府补贴和示范引领等方式，对设施农业、高产粮田、南部山地丘陵等不同土壤进行改良，实施“土地深翻”230万亩，设施蔬菜土壤有机质由1.6%提高到1.8%以上。推广应用测土配方、水肥一体化、绿色防控等技术措施，绿色防控594万亩次、推广水肥一体化98万亩，测土配方施肥覆盖率达95%以上。

推进农业废弃物循环利用，大力推广农作物秸秆肥料化、饲料化、基料化、原料化、能源化综合利用新模式，发展循环农业，农作物秸秆综合利用率达93%。推广畜禽养殖粪污资源化利用“5+1”模式，规模养殖场粪污处理设施配建率达到100%，畜禽粪污综合利用率达93.4%。实行废旧地膜、农药化肥包装物回收网格化监管，创建市级农药标准化经营门店100家，落实农药包装物“谁经营、谁回收”制度，地膜、农药、化肥包装物回收处置机制初步建立，农膜回收利用率达到80.7%。

★诸城市畜禽粪污资源化利用模式。针对规模养殖场和中小养殖场不同需求，构建“主体双向小循环”“区域多向中循环”“全域立体大循环”三大循环体系，推行“政府扶持、企业运作”模式、“设备租赁、产品偿还”模式、“托管服务、集中处理”模式“三个经营模式”，共建成627家规模化养殖场，配套了粪污处理设施，8家粪污集中处理中心年处理粪便90万吨，畜禽粪污资源化利用率达到93%以上。2020年11月，全国现代畜牧业推进会议暨畜禽养殖废弃物资源化利用现场会在诸城召开，经验全国推广。

（2）改善农村人居环境

潍坊市把农村人居环境整治作为乡村振兴的第一场硬仗和“先手棋”，制定《农村人居环境整治三年行动实施方案》《农村人居环境整治村庄清洁行动实施方案》，落实保障措施、明确重点任务、完善长效机制，农村人居环境整治三年行动顺利通过山东省评估验收，乡村颜值显著提升。

落实保障措施。潍坊市成立由市委副书记任组长的农村人居环境整治领导小组，组建市人居办，统筹协调、调度推动农村人居环境整治各项任务。建立多渠道资金筹措机制，充分利用涉农整合资金和各方面的政策资源，鼓励撬动社会资本参与，发动引导群众投资投劳，构建了政府奖补、村级统筹、群众捐献、社会支持的多元投入格局。累计投入176.88亿元，其中，财政资金116.98亿元，村集体自筹41.03亿元，群众捐款13.42亿元，社会捐助5.44亿元。

聚焦厕所革命、农村垃圾污水治理、村容村貌提升等重点任务，高标准、高质量推进，真正建设民生工程、民心工程，让老百姓满意。因地制宜选择农村户厕改造模式，累计完成户厕改造115.06万户，改厕比例达到92.36%。1 668座300户以上自然村无害化卫生公厕全部完成。探索城乡环卫一体化治理模式，全面建立“市、县、镇、村”四级保洁机制和“户集、村收、镇运、县处理”的农村生活垃圾处理体系，农村生活垃圾无害化处理率达到100%。农村生活污水治理有序推进，有2 976个行政村实现生活污水有效治理，治理比例为41.52%。每年集中开展村庄清洁行动，对积存多年的垃圾山、垃圾沟进行彻底清理，农村环境面貌明显改善。按照美丽宜居乡村建设要求，加快编制村庄规划，有条件、有需求的村庄共编制“多规合一”实用性村庄规划833个。建成山东省级美丽乡村示范村174个，美丽庭院示范户11万户。

★寿光市累计投资21.2亿元开展硬化、绿化、净化、亮化、美化、文化“六化十二提升”工程，市镇财政投资18亿元，村集体和群众自发投入3.1亿元，开展部门企业“双百帮扶”行动，累计到位资金1 700万元，高标准打造了600个示范村，被中央农办、农业农村部评为全国村庄清洁行动先进县。

★山东满国康洁环卫集团。该集团是一家具备国家清洁一级资质、山东省道路保洁一级资质的大型环卫服务企业，打造了城乡生活垃圾“统一收集、统一清运、集中处理、资源化利用”的“昌邑模式”，被住建部定为中国农村垃圾治理模式典型案例。抢抓政策机遇，助力乡村振兴，依托“模式+标准”的自身优势，相继承接山东、安徽、河北、江苏、河南、北京、内蒙古等25个省（自治区、直辖市）城乡保洁项目600多个，占据了国内环卫市场的“半壁江山”，为“异地他乡”送去了“昌邑模式”的服务红利。抢抓共建“一带一路”机遇，在巴基斯坦卡拉奇市成功运营东、南区两个环卫服务项目后，又与卡塔尔、加蓬、贝宁、加纳等10余个海外国家签订了环卫保洁服务合作协议，开创了“昌邑模式”引领“中国服务”跨出国门的先河。

长效管护机制逐步完善。潍坊市将农村人居环境整治纳入村规民约，健全完善基础设施，全面建立保洁员制度、“门前三包”制度、街巷长制度。建立市、县、镇、村分级投入机制，有制度、有标准、有队伍、有经费、有督查“五有”长效管护机制日趋完善。

★农厕管护机制。配套建设农村改厕管护服务站 231 个，粪污中转站 99 处，配置抽粪车 451 辆、服务队伍 850 人。投资 1 300 万元，建设农村改厕智能管护平台，群众可以通过平台完成报抽、报修、服务评价，监管部门可以实时监控服务车辆运行轨迹、粪污去向及设施设备的正常运行情况。

（3）加强乡村生态建设

潍坊市积极推进山水林田湖草系统治理，深入实施国土绿化行动，加强弥河、潍河“两河”流域和南部山区生态保护，努力把生态优势转化为产业优势、可持续发展优势。

潍坊市是国家森林城市，围绕巩固拓展森林绿化成果，近年来，持续开展“绿满城乡 · 美丽潍坊”国土绿化行动，重点实施森林生态修复与保护、退耕还果还林、森林生态廊道建设、沿海防护林和农田防护林建设等造林绿化工程，两年完成国土绿化近 30 万亩。目前，潍坊市集中居住型村庄林木绿化率达 36% 以上，分散居住型村庄林木绿化率达 19% 以上，绿色脉络和生态斑块遍布全境，区域生态环境持续提升。

★青州市桐峪沟村。以“美丽乡村 · 幸福家园”为主题，坚持护绿与植绿并重，开展增绿工程，村里及周边绿化总面积达到 2 200 余亩，全村绿化覆盖率达到 93%，形成了村庄处处披花衣、极目之处满眼绿的美好景致。被评为山东省美丽宜居村庄、山东省绿色村庄、山东省美丽乡村建设示范村。

弥河和潍河贯通市域南北，流域面积占潍坊的63%，区域内丰富的水系、湿地构成了完整的生态体系。潍坊市突出抓好弥河、潍河“两河”流域生态保护，把加强湿地保护修复作为生态建设的重要内容，出台《潍坊市湿地保护管理办法》，全面做好生态保护修复工作。目前，潍坊建成26处湿地公园，保护面积54 048.6公顷，其中寿光滨海国家湿地公园、诸城潍河国家湿地公园分别于2018年和2019年通过国家级验收正式获牌。

★峡山水库。该水库是山东省第一大水库、山东省战略水源地。近年来，峡山区落实严格的水源地保护制度和措施，常态化开展环湖综合整治、造林绿化、污染防治，建立环保负面清单制度，不符合生态区要求的项目坚决拒批或关停，峡山水库水质显著提升，空气质量稳居潍坊前列，绿化覆盖率达到47%，构建了水更清、天更蓝、地更绿的良好生态格局。2020年10月，被生态环境部评为第四批“绿水青山就是金山银山”实践创新基地。

南部山区是潍坊的重要生态屏障，面积4 110平方千米、占全部的25.4%。潍坊市在抓好南部山区生态涵养保护基础上，统筹推进生态保护开发，积极发展休闲旅游、文化创意、生态农业等特色产业，全面提升南部山区的经济价值、生态价值、文化价值。

★诸城魏榛小镇。位于山东省定贫困村皇华镇胡沟村，这里山坡连片，沟壑纵横，曾是“兔子都不拉屎”的荒山秃岭，种花生、玉米每亩地一年挣不了500元钱。通过开垦荒山，大力发展榛子产业，六年种植榛子树230万棵，有20个村庄、3 925户农民从榛子基地中受益，村均增加集体收入10万元以上，农民户均增收3万元以上，昔日2.4万亩丘陵薄地真正成为了绿水青山、金山银山。

★临朐九山镇青杨峪村，通过发展有机板栗，带动全镇种植5万亩，年产板栗近1 000万斤，不仅是当地村民收入的重要来源，也成为一道生态风景线，被评为全国有机农业（板栗）示范基地。

4. 创新基层治理模式，提升乡村善治水平

乡村治，天下安。实现乡村有效治理是乡村振兴的重要内容。近年来，潍坊市坚持把乡村治理作为乡村振兴的基础性工程，突出党建引领，做好"三治融合"，构建共建、共治、共享的乡村治理新格局。

（1）突出建强农村基层党组织

潍坊市把强化农村基层党组织建设作为推动乡村振兴的根本保证，充分发挥党组织的引领作用，在推动村庄发展、成立集体经济组织等相关事项决策中，坚决守住"不能把农村土地集体所有制改垮了、把农民利益损害了"等底线，确保改革发展正确方向。以打造过硬支部为抓手，深化村级党组织星级创评，常态化开展过硬党支部评选、软弱涣散村党组织集中整顿，推动晋位升级、整体提升，从2018年开始市县镇三级共创建五星级村党组织

2 400 多个，有 23 个镇村党组织获评全省“干事创业好班子”。潍坊市村党组织书记队伍存在年龄偏大、素质不高问题。为解决这一难题，潍坊市坚持“选、育、管、用”并重，通过公开考选、干部下派、能人回引等方式从致富能手、返乡大学生、退役军人、县镇机关干部中培养选拔 433 名村党组织书记人选；实施“万名优秀人才回引行动”，回引 1 180 人返乡任职创业，其中 163 人担任村党组织书记；实施“优秀后备人才递进培养计划”，面向社会公开遴选 18 774 名青年人才进入村党组织书记后备人才库，村均 2.8 人。村党组织带头人整体素质明显提升，涌现出松兴屯徐林收、东斟灌李新生、玉泉洼刘向东、庵上湖赵继斌、侯王村冯先家等一批“领头雁”，在他们带领下，不仅村庄建设得好，还带领群众一起致富。

★高密市松兴屯村。原来是典型的落后村，在外经商致富的徐林收，2011 年回村担任党支部书记，带领村民建设了二层和多层楼房、学校、广场、动物园、村史馆，实现土地流转、大棚覆盖、村民迁居新村“三个百分百”，辐射带动周边 7 个村一体发展。2020 年松兴屯人均纯收入达到 4.5 万元、集体收入达到 200 万元，成为远近闻名的全国文明村，徐林收也兼任了镇党委副书记。

★坊子区洼里村。多年以前，村里路难走、水难挑、电不稳，村集体一穷二白，村“两委”软弱涣散，从 1992 年到 2011 年，换了 9 任村党支部书记。2011 年村“两委”换届，青年时期就从村中走出去的刘向东，放弃了经营多年的建材企业，毅然回到家乡，投身农业，带领乡亲们脱贫致富，以绝对高票当选为村主任，又以全票当选为村党支部书记。刘向东上任以来，推广“养殖 + 沼气 + 种植”生态循环农业发展模式，集成创新智能种植床技术，实现有机循环一体化，每年可采收叶菜 16 茬，年产有机果蔬 6 000 吨，带动本村和周边 800 余村民加入合作社发家致富，实现了从“难点村”“三无村”到“亿元村”“明星村”的华丽蜕变。

（2）完善“三治结合”的农村基层治理体系

实现以法治为保障、以德治为引领、以自治为核心的差异化治理，乡村发展才能具有自主性，广大村民群众才能成为乡村振兴的真正主体。潍坊市持续推进村民自治制度化，加强村民委员会工作制度建设。指导村委会建立了值班制度、议事制度、代理代办等制度。开展村规民约监督落实专项行动，修订和完善村民自治章程、村规民约，所有行政村全部修订了村规民约。积极开展村务公开目录监督落实专项行动，修订《村务公开目录》，严格按程序进行公开，保证公开的内容真实、全面、及时，公开的形式实际、实用并不断创新。加强民主管理，认真贯彻落实“四议两公开一监督”制度，重大事项严格按规定程序，召开村民会议、村民代表会议进行决策，及时进行公开，接受村民监督。深化民主协商，结合当地实际，修订村级议事协商目录，健全议事协商制度，探索议事协商模式。围绕乡村振兴、农村人居环境整治等方面的问题开展多种形式的协商活动，形成了“公开议事、规范定事、民主评事、合力干事”的良好局面，有力推动了人居环境整治、脱贫攻坚、疫情防控等工作的开展。

★寿光市东斟灌村。推行“三自”工作法，解决了支部急得团团转、党员围着看、群众靠边站的问题，引导调动党员、群众坚定不移跟党走。自主议事，拆除“隔心墙”。坚持两条渠道，让村民对村里的每一件事都清清楚楚、明明白白。一条是“从上到下”，村里的重大事项、涉及群众的热点问题，全部通过召开村民大会、干部到户走访等形式，征求群众意见建议，让村民“耳聪目明”。另一条是“由下到上”，组织村民向村“两委”提出需要办理的事项，由村党支部整理归纳、研究办理。近年来，全村先后提事160多件，全部得到回复和解决。自治管理，不做“旁观者”。通过党员及村民民主推选，健全党员代表议事会、村民代表议事会，村“两委”定期召开党员代表和村民代表联席会议，在土地补偿款分配、涉农补贴发放等“沾钱”事项以及道路工程等敏感事项上，群众均全程参与，实现了阳光用权。为建立土地股份合作社，该村先后召开4次全体村民会议，14次党员和群众代表会议，历时7个月时间广泛征求意见，最终方案获得全体村民100%表决同意。自我服务，防止“一言堂”。坚持行权于民，在村务决策上推行重大事项票决制，对村集体资金使用管理、村集体土地出让等30余项重大事项，全部采取票决制，按照党支部提议、村两委商议、党员大会审议、村民代表大会以无记名投票决议“四个步骤”拍板，真正让群众当家作主。实行票决制以来，共票决村级事务120多项，其中否决11项，既避免了决策失误，又得到了群众认可。

（3）深入开展乡风文明培育行动

文明乡风建设是农村精神文明建设的主要内容，是广大农村培育和践行社会主义核心价值观的重要载体和抓手。潍坊市坚持物质文明和精神文明一起抓，持续培育文明乡风、良好家风、淳朴民风，推动乡村文明焕发新气象。突出抓文化阵地建设，把建设新时代文明实践中心作为加强和改进农村思想道德建设的重要手段，各县市区均建立了新时代文明实践中心，建成镇（街道）文明实践所152个，村（社区）文明实践站6 401个。深入开展移风易俗，鼓励提倡勤俭节约、喜事新办、丧事简办，抵制陈规陋习，所有村庄均成立了红白理事会，红白喜事大操大办问题得到有效遏制。加强优秀传统文化的保护传承和开发利用，深入挖掘红色文化、农耕文化、民俗文化、孝德文化等蕴含的优秀思想观念、人文精神、道德规范，发挥凝聚人心、教化群众、淳化民风的重要作用，先后培育了传统文化村落、传统民居、乡村博物馆等23处省级乡村记忆工程文化遗产，打造了王尽美博物馆、高密红高粱小镇、诸城东坡文化园、青州中晨书画产业园、昌邑渤海走廊、潍坊乐道院等一批文化项目，让有形的文化留得住、活态的文化传下去，在新时代展现新的魅力和风采。深入开展扫黑除恶专项斗争和“雪亮工程”，划分基础网格12 044个，配备网格员21 118名，选聘村（社区）法律顾问1 437名，覆盖所有村

（社区），农村社会治安持续向好。

★青州市侯王村。十几年前，还是个经济落后、治安混乱的穷山村，侯王村从孝顺老人抓起，让孝心深入人心，用孝心凝聚人心，大力弘扬孝德文化，形成了以知孝、倡孝、督孝、评孝、扬孝“五孝”为主要内容的“以孝治村”模式，村子风气正了，村民心气齐了。多年来积极推行孝亲敬老，唤醒了传统美德的回归。村里环境发生了变化，硬化了村内道路和生产路，改变了“白天石绊脚，晚上黑洞洞，雨天两脚泥，旱季一身土”的状况。村民人人动手，美化家园，使“垃圾不落地，污水不直排”成为环境常态，“在家讲孝道讲文明，在外讲诚信讲道德”成为生活常态，孝德文化成为侯王村具有鲜明地域特色的文化名片。

5. 创新成果共享普惠机制，提升农民富裕富足程度

习近平总书记强调，说一千道一万，增加农民收入是关键。潍坊市把农民增收多少、城乡收入差距是否缩小作为创新提升“三个模式”的重要标准，坚决打赢脱贫攻坚战，发展壮大村集体经济，全方位增加农民收入，农民群众幸福感满意度持续提升。

（1）高质量打赢脱贫攻坚战

潍坊市把脱贫攻坚作为首要政治任务和第一民生工程，确定了“2017 年基本完成脱贫攻坚任务，2018 年全部兜底脱贫，2019 年和 2020 年巩固提高、建立扶贫开发长效机制”的任务目标。把产业扶贫作为重要抓手，实施产业扶贫项目 941 个，多渠道带动

贫困群众脱贫增收，推动由单一“输血”向全面“造血”转变。累计投入财政扶贫专项资金 11.86 亿元，聚焦“两不愁三保障”和饮水安全核心指标，全面落实各项扶贫兜底政策措施。2018 年底，潍坊建档立卡贫困人口 16.9 万户、36.8 万人全部脱贫，337 个省定扶贫工作重点村摘帽退出；2019 年以来，潍坊以巩固提升脱贫质量为重点，组织开展问题清零和质量提升“两项行动”，逐人、逐户“过筛子”，累计整改各类问题近万条。出台脱贫攻坚重点镇街“红黄牌”管理办法，层层传导压力，激发工作动力。健全完善村户经济“双增收”、即时发现即时帮扶、兜底保障、内外联动“四项机制”，推动脱贫攻坚与乡村振兴有机衔接。今年 2 月 25 日，在全国脱贫攻坚总结表彰大会上，潍坊市峡山区王家庄街道大圈村第一书记牛伟国，山东学海农林集团李学海荣获“全国脱贫攻坚先进个人”称号；昌乐县红河镇党委、寿光市科技局荣获“全国脱贫攻坚先进集体”称号。

★昌乐县红河镇“五小工作法”。从贫困群众最关心、最现实的小事着手，创新实施扶贫“小康道”、扶贫“小暖包”、扶贫“小药箱”、扶贫“小分队”、扶贫“小菜园”等下足绣花功夫的“五小工作法”，通过群众喜闻乐见的“小事”，高质量做好了精准扶贫这篇“大文章”，脱贫质量得到显著提升，贫困群众满意度 100%。

★全国脱贫攻坚先进个人——李学海。李学海在外创业打拼 40 年。2010 年，年近花甲的他毅然决然放弃外地优越的生活回到家乡，并高票当选为谋家河村党支部书记。10 年间，他从担任村党支部书记第一天开始，就立下愚公移山志，先后投资7.6亿元，绿化荒山荒坡4 000多亩，把乱石岗、荒草坡建成为8万平方米的生态旅游区。10年间，他凭着“村民不富，誓不瞑目”的韧劲，抓产业、促增收，带动周边12个村2 246名贫困群众脱贫致富，人均年增收3万多元。10年间，他热爱公益、倾情奉献，累计出资1 200余万元救助孤寡老人、残疾人、下岗工人等困难群体，帮助几十名困难大学生顺利完成学业。

（2）千方百计增加农民收入

潍坊市注重构建促进农民持续较快增收的长效机制，立足当地实际，发挥自身优势，大胆探索创新，着力在增加农民家庭经营性收入、财产性收入和工资性收入上做文章。2020年，潍坊农村居民可支配收入达到21 651元，比“十二五”末增长45%，提前两年实现比2010年翻一番的小康目标，城乡居民收入比为1.99∶1，降至“2”以内，远低于山东2.33∶1、全国2.56∶1。

潍坊市鼓励和支持特色产业发展，让农民融入农业全产业链条，支持有条件的农民发展种养殖、餐饮、物流、旅游等特色产业，大力推行农村电商，拓宽农产品销售渠道，经营净收入快速增长直接促进了农民增收，平均达到7 650元，同比增长9.1%。青州市侯王村，立足本村优势，依托自然资源，创新实施“示范基地＋合作社＋农户”的经营模式，发展乡村旅游，先后有200多人回村创业。昌乐县的庄皋村，发展大棚种植，2018年以来先后有8名青年返乡种植大棚，户均年收入达到20多万元。

潍坊市在扎实推进承包地、宅基地等"三权分置"基础上，大力推进农村产权流转交易，推动"资源变资产、农民变股民、资金变股金"。在有条件的城郊地区大力发展"房东经济"，获取财产性收入。加快推广"订单收购＋分红""土地流转＋优先雇用＋社会保障""农民入股＋保底收益＋股份分红"等多种利益联结方式，让农民分享股权、加工、销售等各环节收益。目前，潍坊农业龙头企业、农民合作社、家庭农场等新型经营主体3万多个，联结121万多农户。潍坊农村居民可支配收入中，人均财产性收入达到763元、工资性收入达到11 572元。

（3）大力发展村级集体经济

潍坊市认真落实党在农村的各项方针政策，大力实施村级集体经济发展三年行动计划，鼓励和支持各村立足村情实际，找准集体经济的项目源和增长点，探索不同发展路径，村集体经济实力持续壮大。2020年底，消除了5万元以下的村，其中，79%的村集体经济达到10万元以上，有672个达到100万元以上。

摸清集体经济底数。潍坊市逐村摸清集体经济的资源、资产、资金情况，建立集体经济台账，全面完成村集体经济清产核资、成员身份确认等基础性工作，实现底数清、利益清、产权清，农村集体资产达到573亿元。

加强"三资"管理，推广启用农村三资管理平台，实行农村财务信息化管理，推广村级开支无现金结算、集体资金收支网络化、智能化等现金管理新做法，促进村级集体经济规范运行。创新开展清理村级合同、清理集体尾欠、清理闲置资产资源"三清"

工作，规范问题合同13.6万份，清理多占土地16.4万亩、房场4.1万处，通过“三清”增加村级集体经济收入5.89亿元。

“党支部+合作社”促进集体增收。潍坊市把党支部建在产业链上，把党员聚在产业链上，既带头致富，又带领群众共同致富。探索整镇推进、多社合一、联合发展三种“村社合一”发展模式，尊重群众意愿，把基层党组织、合作社和群众组织起来抱团融合发展，实现了土地、资金、人才等各种要素资源的优化配置，实现了优势互补、品牌共用、信息共享，实现了合作社与村级组织在组织领导、经营管理、利益分配的统一，建立起了更广泛、更紧密的利益联结纽带。

★昌乐庵上湖村。以发展现代农业为切入点，采取“党支部+合作社”模式，把党组织的政治、组织优势与专业合作组织的市场、技术有机结合起来，带动周边11个村庄、1 000多户村民致富，走出一条党支部领办合作社带领农民致富之路。

潍坊市实现“村社合一”的合作社主要有“整镇推进、多社合一、联合发展”三种模式，总量达到4 200多家，入社户数达到26万人。不完全统计，合作社经营收入超过18.5亿元，增加村集体收入4 500多万元。

★整镇推进模式，是指立足镇村区位条件、资源禀赋、产业基础，整镇全域探索“村社合一”，实现村集体经济和村民双增收。目前，潍坊市有34个镇街实施整镇推进，涉及1 552个村。高密市大年家镇整镇全域探索推进"党支部＋合作社＋为农服务中心""党支部＋合作社＋种粮大户""党支部＋合作社＋集体土地"发展模式，全镇80个村通过党组织领办合作社，每村集体经济收入增收都在5万元以上，最高达到80多万元。

★多社合一模式。是指村级党组织依托自身土地、人力、资产资源优势，领办农村土地股份合作社、集体股份经济合作社、资金互助合作社、劳务合作社等多种类型合作社，实现"多社合一"。寿光市洛城街道东斟灌村依托本村种植五彩椒的产业优势，先后成立斟都果菜合作社、东斟灌村土地股份合作社和资金互助合作社，形成三位一体合作新模式。土地股份合作社对全村4 486亩土地进行股份制运营管理，资金互助合作社为社员提供低息贷款300万元，实现村民每年保底分红600元，其余土地收益的40%给入社农民二次分红，60%作为集体收入。通过"多社合一"运作，2020年村级集体收入达到160万元，农民人均纯收入达到3.2万元。

★联合发展模式。是指村"两委"通过采取参控控股、土地流转、资本和产业联合等形式，把多个农民专业合作社联合起来，采用多种形式开展合作生产经营，延伸产业链条，实现生产、加工、销售一体化综合发展。坊子区坊安街道洼里村创新"党支部＋合作社""党员＋农户"模式，通过资金入股、土地入股、入社打工等方式，与天霞、众意、东山等5个合作社联合成立了玉泉洼种植专业合作社联合社，并建立联合党支部，逐步培育出"玉泉洼"有机果蔬品牌。联合社成立后，村集体通过入股、发展产业项目等形式每年村集体实现经济收入100多万元，村民每年增收3.7万元。

（4）全面提升农民幸福感

在推动农业强、农村美、农民富的过程中，农民群众不仅追求收入增加，更注重追求精神富足。潍坊市充分尊重广大农民意愿，适应农民从单纯追求收入增长向追求精神富足等全面发展转变的趋势，支持和满足他们在幸福感受、民主权利等方面的需求，最大限度增强农民群众的获得感、幸福感、安全感。例如，为适应群众对生态美的需求，持续开展农村人居环境整治，乡村环境治理显著改善，形成了一批可复制可推广的美丽乡村建设样板。现在，美丽乡村越来越有吸引力，生活在乡村的农民幸福感越来越浓，一些居住在城市的人周末、节假日都会回农村生活几天。例如，现在农村生产生活条件越来越好，很多村民不仅住上了楼房，村里还建设了学校、幼儿园、文化广场，还搞了绿化、亮化工程，村民在家门口就过上了城里人的生活。寿光市稻田镇东里新村的李仁庆夫妇，在儿子结婚拍婚纱照时，也跟着拍了一套，这种对晚年幸福生活的新追求，也是广大农民幸福生活、富裕富足的一个缩影。

（二）诸城“三区”共建共享的探索实践

2018年以来，诸城市以习近平总书记肯定“诸城模式”为动力，以乡村振兴“二十字”总要求和“五个振兴”总目标为引领，充分发挥农业产业化、农村社区化两大优势，创新提升“诸城模式”，深入推进生产园区、生活社区、生态景区“三区”共建共享，积极探索乡村振兴片区化发展新路径，以生活社区为单元、以生产园区为支撑、以生态景区为底色，每个生活社区至少建设1个以上的生产园区、1个以上的生态景区，让农民群众生活在社区、就业在园区、休闲在景区，在家门口就能享受到同城里人一样的高品质生活，不断赋予“诸城模式”新内涵。诸城市被评为全国文明城市、国家生态文明建设示范市、山东省高质量发展先进县、首批“山东省乡村振兴示范县”，入选首批山东省级城乡融合发展试验区、乡村振兴齐鲁样板示范县暨率先基本实现农业农村现代化试点县。诸城市“三区”共建共享（图2-2）全域推进乡村振兴的做法，被确定为全省乡村振兴可复制可推广的7种典型经验做法之一。

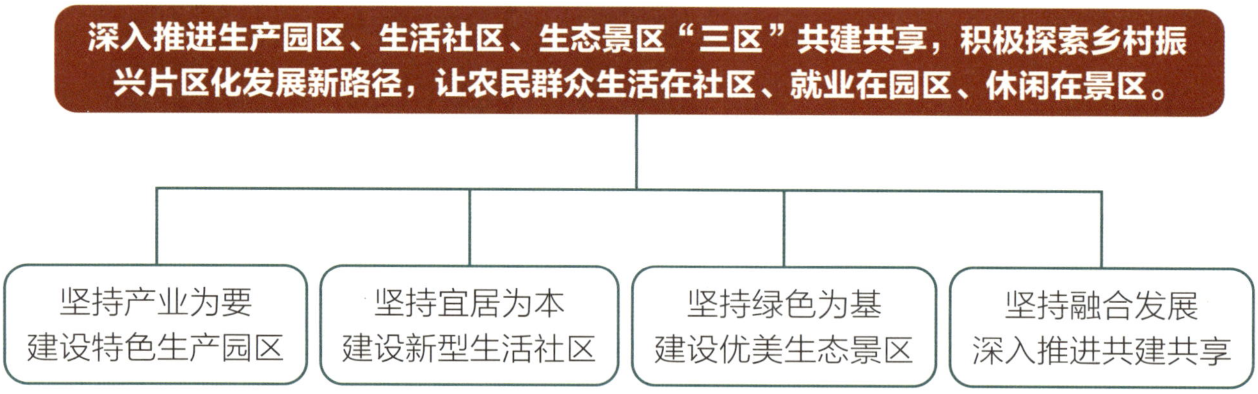

图2-2 诸城“三区”共建共享的实践探索

1. 坚持产业为要，建设特色生产园区

诸城市按照宜农则农、宜工则工、宜商则商、宜游则游的原

则，建设特色生产园区，促进农民就业增收。探索“产业联盟+龙头企业+特色园区+种养农户”的模式，谋划打造肉鸡、生猪、食材、果品、茶叶、榛子、中药材等12个领军型农业产业化联合体。

（1）加快种植业提质增效

加强高标准农田建设，以最严格的措施抓好耕地保护，坚决遏制耕地“非农化”、防止“非粮化”，整建制开展吨粮田、吨粮镇、吨粮县建设，2020年粮食总产量达76.79万吨。在确保粮食安全的基础上，以加快农民增收为核心，积极发展高效经济作物，果品面积已达10万亩，茶叶面积已达3.8万亩，果茶特色产业已初具规模。2020年8月，山东省果品产业高质量发展暨“十四五”规划编制座谈会在诸城召开。依托国有企业带动高效农业发展，借力财政金融政策融合支持乡村振兴示范县建设，以禾融公司为龙头，以农林科技孵化器组培脱毒育苗技术为支撑，探索以国有企业投资、社区公司组织、农户按揭经营为主要内容的“按揭农业”模式，2020年新发展大樱桃和矮化密植苹果2万亩。

（2）加快养殖业转型升级

坚持政策引领、典型带动，加快养殖业向标准化、园区化、生态化、智能化、品牌化转型，着力打造年出栏2亿只肉鸡、300万头生猪的种养循环产业体系。2020年新建仙坛、新希望、德友、舜沃等标准化生猪、肉鸡养殖项目31个，改造升级专业养殖场（户）1 847个，截至2020年底，存栏肉鸡1 428万只、生猪104

万头。创新探索“拎包入驻”“合同代养”等发展模式，有效带动了产业提质增效，“畜牧业绿色转型发展”经验入选山东省地方改革案例。2020 年 11 月，全国现代畜牧业推进会议暨畜禽养殖废弃物资源化利用现场会在诸城召开。加快“畜牧业联合体”建设，成立肉鸡、生猪产业联盟，重建利益分配机制，2020 年春季肉鸡市场受疫情影响低迷期间，联盟各单位对签订合同的养殖户累计补贴约 2 560 万元。

（3）加快食品加工业链式发展

坚持龙头带动、链式发展，依托惠发、得利斯等企业，建设餐饮食材供应链平台，大力推行中央厨房团餐定制模式，加快食品产业向高端化、融合化、品牌化转型，推动企业由加工型迈向“生产 + 服务”型。积极筹办首届健康食材供应链博览会，打造“生态农业 + 共享工厂 + 智慧餐饮”全产业链模式。2020 年，食品加工产业克服新冠肺炎疫情影响，全行业完成产值同比增长 19.2%，占规模以上工业的比重达到 17.1%。

（4）加快重点项目与品牌建设

坚持把重大项目建设作为第一抓手，围绕产业培育、片区打造、生态旅游、基础设施等领域，千方百计谋划项目、招引项目、推进项目，突出抓好外贸健康食品产业园、新希望 200 万头生猪养殖、东坡文化园、常乐山庄、密州农业公园、卢山匠心谷等 50 个以上现代农业项目。加强品牌建设，培育起省知名企业产品品牌 6 个、潍坊市知名农产品区域公用品牌 1 个、潍坊市知名农产品企业产品品牌 21 个、潍坊市知名农产品品牌引领企业 6 家。有效期内“三品一标”达到115个，“诸城味道”区域公用品牌产品达到11个。

（5）加快农业新型经营主体培育

开展规范清理、质量提升、示范创建、融合发展“四大行动”，规范提升合作社84家、家庭农场50家。新增47家企业下乡建基地园区53处，培育起潍坊市级以上重点龙头企业126家，组建农业产业化联合体17个。3家企业入围全国农业产业化龙头企业百强名单，得利斯位列山东省现代高效农业产业民营企业10强榜首。目前，已发展农民合作社2 671家，其中潍坊市级示范社126家、省级示范社51家、国家级示范社7家；发展家庭农场1 706家，其中潍坊市级示范家庭农场70家、山东省级示范家庭农场13家。2017年以来，累计发放农业贴息贷款1 083笔2.68亿元。2020年9月，山东省工商资本下乡助力乡村振兴现场推进会在诸城召开。

（6）加快农民增收与集体增积累

创新利益联结机制，推行“大区域多主体”“大园区小农户”等利益联结机制，鼓励农民以土地、资金、资产入股，增加农民经营性、财产性和工资性收入。2020年，农村居民人均可支配收入23 211元，增长6%，城乡居民收入比为1.9∶1，远低于潍坊和山东省、全国水平。打赢精准脱贫攻坚战，4 000多名干部参与帮扶工作，15 308个建档立卡贫困户稳定脱贫，20个省定扶贫工作重点村稳定摘帽，高质量通过省和潍坊市评估验收。累计实施产业扶贫项目41个，共产生收益957.59万元。推行壮大农村集体经济10条路径，选派208名“社区发展顾问”、87名“社区金融顾问”，建设160多个社区干部引领型园区。开展壮大农村集体经济三年行动计划，依托社区公司带动集体经济增收，208个农村社区全部成立农业发展公司。荣获第二批全国农村集体产权制度改革试点典型单位。2020年全面消除集体经济年收入15万元以下的农村社区，95.2%的农村社区集体收入超过30万元，166个社区达到50万元以上。实施“三清一增”集中行动“回头看”，增加集体经济收入3亿多元。

2. 坚持宜居为本，建设新型生活社区

强化党建引领作用，建设新型生活社区，推进生产方式与生活方式同步提升。

（1）提升基层党组织组织力

开展“基层组织治理能力提升”专项行动，重点解决组织领导能力弱、集体经济发展慢、精准服务水平低、协同共治意识差4个方面26个问题，治理整顿10个软弱涣散农村社区、73个网格党组织，新建改建党群服务中心119个，优化功能站室409个。共下派驻村工作组262个，派驻工作人员1 539人，建立616个联建党组织，规划产业项目186个，化解各类矛盾问题1 100余个。推进党建融联一体化发展的做法获评“第五届全国基层党建创新最佳案例”。推进农村干部精准化考核，实行差异化工资制度，深化农村党员积分制管理，完善奖惩关爱机制，激发基层党员干部的干事创业热情。在统筹推进疫情防控和经济社会发展一线，广大基层党组织、党员干部冲锋在前，涌现出一批以枳沟镇北杏社区党委、常山

社区王洪亮为代表的干事创业“好班子”“好干部”，充分发挥了先锋模范作用。

（2）提升公共服务功能

实施社区服务中心功能提升工程，以“贴近需求，一室多用”为原则，调整优化站室设置，出台《社区精准服务基本要求》，2020年通过“三支一扶”补录农村社区工作者10名，改造提升农村社区卫生室150处。充分尊重和顺应群众意愿，稳妥推进美丽宜居乡村建设，提高群众生产生活品质。推进城市管网向乡村延伸，完成接驳农村天然气用户6 730户。改造提升农村幸福院34处，建设农村公益性公墓26处，16个社区被确定为山东省乡村振兴“十百千”工程示范社区。

（3）提升社会治理水平

将网格化管理作为社会治理系统工程建设的重要内容，持续创新方式、规范运行机制、强化实战实用，平安诸城建设基层基础得到进一步夯实，“平安网格创建”典型经验在中央政法委《政法工作动态》转发。规范落实“五四三二”民主管理机制，修订完善《诸城市社区“四务”公开工作规范》，自然村全部成立村民理事会。积极推进以“1+3”社会治理体系、扫黑除恶“诸城战役”、社区公共法律服务体系建设等为主要内容的平安诸城建设，可防性案件同比下降10.7%，被省民政厅确定为全省农村社区治理创新实验区。

（4）提升乡风文明水平

大力弘扬大舜孝德文化，实施红色基因传承工程，推进文化惠民和移风易俗，建成镇街园区新时代文明实践所17处、社区新时代文明实践站244处，被评为省未成年人思想道德建设先进县市。深挖乡村历史文化资源，建成历史文化展示馆（室）50多处。大力弘扬时代新风，深入实施“百名非遗传承人”“百名民间艺术大师”培训工程，建设诸城古琴斫琴技艺等6处专项非遗体验馆，争创省文化消费示范县。创新开展“炫艺龙城”全民综艺大赛，打造“社区文化节”品牌，2020年共演出151场，参演群众1万多人次，现场受众20多万人，网络受众180多万人，被新华社、《人民日报》《大众日报》等主流媒体关注报道。恐龙文旅特色小镇、黑土夼民俗文化小镇列入省服务业特色小镇培育单位，蔡家沟艺术试验场入选山东省文化创新奖。西王门庄子村获批第六届全国文明村。

3. 坚持绿色为基，建设优美生态景区

依托生态、文化资源，建设优美生态景区，加快实现社区园区生态化、生态文化资源景区化。

（1）深化美丽乡村标准化建设

开展美丽乡村精品片区打造行动和“五化一通”工程，南湖常山片区获评为省级乡村振兴示范片区，建成年画村、桃花源等50多个特色村。持续深化城乡环境综合整治，道路硬化“户户通”提前实现全覆盖，完成生活污水治理村庄477个，建设农村公厕171座，30%以上农村居民实现清洁取暖。建设省级美丽乡村示范村18个，B类以上美丽乡村实现全覆盖，美丽庭院示范户占比达

到13.2%。加强城乡环卫一体化管理，打造标准化管理示范村289个，城乡生活垃圾无害化处理率达到100%。

（2）深化全域生态化建设

开展“绿满龙城”五大行动，2020年新增成片造林3.3万亩，目前建成环村生态林带示范村664个。结合生活社区功能布局和生产园区建设，规划建设小游园、微绿地，拓展休闲观光功能，打造花园式社区，成功创建省级森林乡镇1个、省级森林村居4个，被评为“全国森林旅游示范县”。

（3）深化生态环境保护

深入开展“十河共治”，全面落实河长制、湖长制，境内水质达标率100%。推广信得科技动物体内除臭和有机肥制备技术，大力推进畜禽粪污资源化利用，规划建设8处畜禽粪污集中处理中心，畜禽粪污资源化利用率达到93%。空气质量优良率连续5年列潍坊各县市第一。

4. 坚持融合发展，深入推进共建共享

创新融合发展模式，统筹谋划、协同推进，完善共建共享机制，打造新型乡村生产生活共同体。

（1）推进“三区”融合

出台《推进“三区”共建共享的实施意见》，研究制定“三区”共建共享地方标准，规划建设了乔庄、大源等40个“三区”共建共享示范区，培育起了18个乡村振兴示范片区，涉及农户80 111户，主导产业总产值92.54亿元，主导产业面积18.7万亩。建设

地理信息典型应用示范平台，在全国率先实现乡村振兴“一张图”。

（2）推进三产融合

突出农旅融合、种养循环、智慧农业等重点，加快农村一二三产业深度融合，加快培育农业全产业链，积极发展“农业+”等新业态，推进“农业+农产品深加工”“农业+电商”“农业+乡村旅游”“农业+康养”等多种产业融合模式，建设三产融合发展示范项目28个、各类示范园区83个。荣获“全国休闲农业与乡村旅游示范县”，被推荐争创国家积极发展农村电子商务拓宽农产品销售渠道工作激励县。

（3）推进要素融合

统筹利用政策资源，建立多元化投入机制，“十三五”期间，累计统筹整合涉农资金18.8亿元，集中投向乡村振兴基础性、战略性项目，引导180家工商企业“上山下乡”，新建千亩以上现代农业基地34个。夯实人才科技支撑，加强与青岛农业大学等高等院校的合作，积极开展“下乡入村”科技服务。建设乡村振兴专业技术人员继续教育基地，每年培训新型经营主体带头人300人以上。

（4）推进利益融合

尊重农民主体地位，保障社会资本权益，完善互利共赢的利益分享机制，让更多农产品增值收益和二三产业经营收益留在农村、留给农民。华山榛园流转荒山土地建设2.1万亩榛子基地，采取“企业+合作社+基地+农户+深加工+仓储物流”产业模式，带动周边村庄3 000多农户、6个专业合作社参与产业发展，人均年可增收3.5万元。

（三）寿光“三全三融”的探索实践

2018年以来，寿光市深刻领会习近平总书记肯定“寿光模式”所蕴含的思想精髓、方法准则和殷切期望，按照省委刘家义书记“‘三个模式’在新时代要有新规范、新标准、新作为”的要求，围绕产业强、乡村美、农民富，推进“产业全链条融合、城乡全要素融合、治理全领域融合”，以“三全三融”（图2-3）推动“一二三产联动并举、市镇村统筹协调、生产生活生态良性循环”，加快乡村经济结构、人口结构和空间结构全域同步优化，乡村生产方式、生活方式和治理方式全域同步改进，乡村收入水平、文明水平和生态水平全域同步提升，实现了由以城带乡到一体均衡、再到无差别融合发展的新跨越，为实现农业农村现代化蹚出一条新路子。

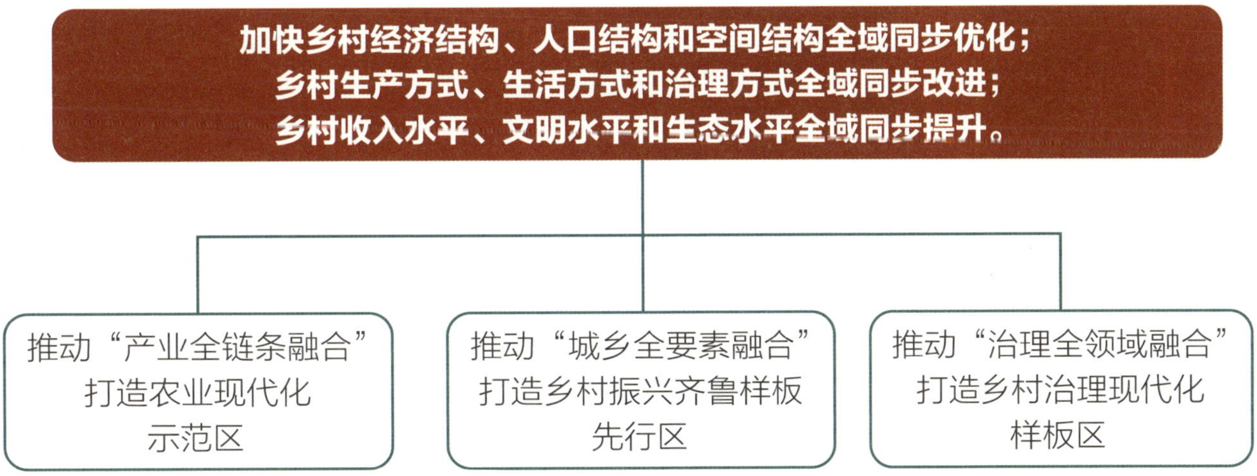

图2-3　寿光“三全三融”的实践探索

1. 推动“产业全链条融合”，打造农业现代化示范区

近年来，寿光市按照习近平总书记“延伸农业产业链、价值

链"的要求，坚持蔬菜产业链前端、中间、后端一体联动、整体提升，全力抢占全产业链"微笑曲线"两端，加快实现寿光由传统生产基地向综合服务基地转型，推动寿光农民从蔬菜产业生产商到服务商、再到运营商迭代进化。

做强前端，重点突破标准制定、种子研发、技术集成创新。主动顺应农业由增产导向向提质导向转变的大趋势，以技术升级、模式创新、链条重组打破传统农业发展壁垒，实现由"拼投入、拼汗水"向"拼技术、拼智慧"的转变。

（1）突破标准制定，把"寿光标准"打造成为"全国标准"

依托部省共建的全国蔬菜质量标准中心，全面加快标准集成、模式输出步伐，组建了国家蔬菜质量标准化创新联盟，成功举办了两届全国蔬菜质量标准高峰论坛，完成了国内首批山东区域粤港澳大湾区"菜篮子"生产基地执行标准汇编，建设了国内唯一的蔬菜品质感官评价与分析实验室，启动了16项国家、行业标准和102项地方标准研制工作，形成了14大类、182个品类的蔬菜标准数据库。

（2）突破种业研发，把"智力优势"转化成为"竞争优势"

寿光市以打造蔬菜产业的"中国芯"为己任，启用了国家现代蔬菜种业创新创业基地研发中心、农业农村部蔬菜种子质量监督检验测试中心寿光分中心等一批国字号、高精尖平台，整合国家蔬菜工程技术研究中心寿光试验站等研发资源成立了寿光蔬菜种业集团，初步构建起了"育繁推"一体化的蔬菜种业体系。截至目前，寿光的蔬菜种业企业已由2010年的3家增长到现在的43家，其中育种研发企业13家，自主研发的蔬菜品种达到140个，国产蔬菜种子市场占有率由十年前的54%提升到现在的70%以上，种苗产业产值突破10亿元，成为全国最大的种苗繁育基地，目前正与中国农科院谋划建设总投资3.9亿元的国家蔬菜智能分子设计育种创新中心，运用分子育种、基因重组技术，从源头上解决我国蔬菜种业原始创新能力薄弱、关键技术缺乏等“卡脖子”问题。我国南海岛礁常年在32℃以上高温，台风等恶劣天气多发，加之路途遥远，除土豆、洋葱、南瓜外，叶菜等新鲜蔬菜几乎不可能运至，就地进行蔬菜种植是解决供给困难的唯一途径，潍坊科技学院李美芹博士团队，克服高温强碱、缺土少水、大风大雨等不利环境因素，成功种植了29个蔬菜品种并取得认证，彻底改变了岛礁军民新鲜蔬菜供给匮乏的历史。

（3）突破技术集成创新，让科技成果助力惠农

坚持以工业互联网思维对农业产业链进行全方位重塑，先后研制推广了立体栽培、无土栽培、椰糠栽培等30多种新模式和大棚滴灌、臭氧抑菌、熊蜂授粉等300多项国内外新技术，建设了蔬菜小镇、现代农业高新技术试验示范基地等一批高端化园区，与腾讯农业、华为农业、海尔卡奥斯等围绕数字农业进行深度战略合作，量身定制“寿光蔬菜产业互联网平台”，实现了质量服务“一张网”、分析预警“一张图”，科技进步对农业增长的贡献率达到70%、高出全国10.8个百分点。目前，寿光所有园区全部按照绿色、有机、欧盟GAP标准生产，全部覆盖了大型水肥一体机、智能温控、自动补光等新技术和区块链全程追溯系统，物联网应

用率达到80%以上，农民在家用手机就可以远程控制，原来一对青壮年夫妇仅能种植2个70米的大棚，现在能管理3个100多米的大棚，一个大棚就是一个“绿色车间”、一个园区就是一个“绿色工厂”，从根本上改变了传统农业凭经验种地、靠天气吃饭的老路径。

做强后端，全力培育特色蔬菜品牌、打通高端销售渠道。坚持向产业链后端要空间、要产值、要效益，巩固“寿光蔬菜”区域公共品牌，创建特色品类品牌和著名企业品牌，畅通高端销售渠道，推动资金、技术、人才、管理要素输出，大幅提高产品增加值和利润率，真正通过育品牌、走出去、建市场“三驾马车”的强力拉动，开辟了一条品牌化、标准化、精细化的发展新路子。

（1）打造寿光蔬菜的“金字招牌”

围绕全产业链重塑寿光蔬菜品牌，聘请顶尖策划公司对“寿光蔬菜”区域公用品牌和高端蔬菜品牌进行顶层设计，“寿光蔬菜”成功注册为地理标志集体商标，寿光蔬菜产业集群被财政部、农业农村部确定为全国首批50个优势特色产业集群之一，拥有“桂河芹菜”“独根红韭菜”“浮桥萝卜”等国家地理标志产品16个，认证“三品”农产品284个，成为2022年北京冬奥会蔬菜直供基地，80%以上的园区蔬菜以品牌形式进入北京、上海等20多个大中城市。大型纪录片《蔬菜改变中国》在山东卫视播出，引发强烈反响。

（2）打造技术、人才、管理等要素的“输出高地”

依托蔬菜全产业链条集成优势，立足寿光、放眼山东、服务全国，在贵州遵义、江西井冈山和瑞金、陕西安塞、四川北川、西藏白朗等地建设了标准化蔬菜示范基地，北到黑龙江五常市的“冬季温室大棚”，南到南沙永暑礁的蔬菜繁育基地，西到新疆、西藏，从大棚建设、种苗培育、种植管理、产品销售等整体输出“寿光模式”，据不完全统计，全国的新建大棚一半以上有“寿光元素”。西藏白朗由于高海拔、昼夜温差大等因素，村民以前只能露天种萝卜和土豆，在寿光援藏干部的支持引导下，万亩蔬菜大棚在白朗拔地而起，寿光蔬菜产业集团把供港蔬菜基地设在了白朗，果蔬种植面积由原来的 248 亩增至 6 000 亩，以全县 1.28% 的可耕地产出了占农牧业总量 41% 的效益，带动当地农民年收入由 1 000 多元增加到 2 万元以上。

（3）打造自主可控、安全可靠的“市场体系”

主动担负起确保蔬菜产业链安全的责任担当，依托大市场、大物流、大通道优势，努力发挥好维护全国蔬菜稳产保供的“压舱石”作用。建立了以农产品物流园为龙头、1 300 多家村头地边市场为支撑的线下流通体系，2011 年成功发布“中国 · 寿光蔬菜价格指数”，农产品物流园日均蔬菜交易量达到 820 万千克、年交易额 100 亿元，被确定为全国电子商务进农村综合示范县，农产品流通现代化工作受到国务院督查激励。2020 年疫情期间，寿光第一时间响应上级号召，全力支援保障武汉蔬菜供应，第一批 350 吨蔬菜从采摘、抽检到包装、运输，仅用 30 小时就运抵武汉，疫情期间累计向武汉、北京、上海供应蔬菜 7.4 万吨，圆满完成了蔬菜供应任务，赢得了全国人民的好评和国家部委的表扬。

完善中间，加快构建以合作社、家庭农场为主体的新型组织体系。寿光市坚持把培育新型农业经营主体作为推进农业现代化的有力抓手，全力消除阻碍“小农户”与现代农业发展相衔接的体制和技术障碍，推动“小农户”与“大市场”有效衔接，让分散农户搭上规模经营的“快车”。深入实施提升农民合作社水平专项行动，全力做好合作社“规范、整顿、提升”三篇文章，组建了全国首家蔬菜合作社联合会，创新构建起以合作社联合会为龙头、15 家镇街区合作社分会为骨干、68 家潍坊市级以上示范社为支撑的高品质合作社架构，彻底扭转了原来农业生产“一家一户单打独斗”的局面，初步探索出了一条新时代“大承包、小包干”的农业合作新路子。目前，农民参加合作社比例达到 92%，工商登记注册家庭农场达到 2 002 家，发展生产型合作社 3 210 家、资金互助合作社 11 家、土地合作社 116 家，农民出资总额达到 68.7 亿元，带动周边农户 14 万户。

2. 推动“城乡全要素融合”，打造乡村振兴齐鲁样板先行区

近年来，寿光市把农村人居环境整治、农业增效、农民增收统一起来，以基础提升、服务升级建设新时代新乡村，全力打造全省全国美丽乡村示范样板区。

推动农民向高素质农民转变，让群众富起来。主要探索了三条途径。

（1）村党支部引领带民富

深入开展“百强企业帮百村、百个部门包百村”帮扶行动，创新推行村支部领办合作社、建设“飞地园区”等方式，实现农村资

源变资产、资金变股金、农民变股东，86%的村集体收入达到10万元以上，14个村集体收入突破1 000万元，东斟灌经验入选中组部发展村级集体经济38个典型。

（2）培育新型农民助民富

探索打造了“企业订单、机构列单、群众选单、政府买单”的培训模式，深入开展30万农民科技大轮训和“十百千万”蔬菜标准化培训工程，创新实施了“校园＋田园”职业教育新模式，依托山东（寿光）农村干部学院等平台进行“菜单式”培训，开好“寿光模式”讲习所、用好“田间课堂”，加快培养一批具有新思维、新眼光、新技术、新追求的新型农民。目前，寿光已为全国17个省区市培训农村干部1.5万多人、培训本地新型农民5万多人，有10万农民拥有绿色证书，180多名农民成为“农民科技专家”。2020年底，寿光市银行机构存款余额达到1 288.9亿元、是山东省存款最多的县，农村居民人均可支配收入23 900元，户均存款23万元，城乡居民收入比1.92∶1，优于全国水平的2.64∶1。

（3）鼓励人才回乡帮民富

创新实施农村优秀在外人才“雁归计划”和农村后备干部“雏雁计划”，设立专项编制、建立高端人才“绿卡”，在《人民日报》面向全球农业高层次人才发布了引才公告，引进培育农业领域专家、泰山学者等省级以上人才工程人选34人，有143名优秀青年回村任职。近五年，寿光农业镇外出务工人员由五年前的3.1万人减少到1.2万人，年均减少17.9%，回乡新农人累计增长20.6%，返乡创业人员每年都达到3 600多人。目前，寿光大约有10.7万人种大棚，其中70后、80后、90后累计占到53.7%，现在寿光从事蔬菜种植生产的主体是中青年劳力，较好地解决了“谁来种地”的问题。

推动基础设施向农村倾斜，让乡村更宜居。主动顺应群众由过去追求“设施有没有”转向“品质好不好”、由过去满足基本生活需求转向多元化、差异化需求的要求，按照“城乡一体、均衡发展”的理念，从2019年开始，全面启动了美丽乡村暨农村人居环境综合提升三年行动，突出“路、水、电、暖、气、房、厕、医、学、网”等十大领域，集中开展了农厕、道路、供气、污水处理等“十改”工程，实现了城乡公交、供水、亮化、户户通、垃圾清运、污水处理、有线电视、无线网络“八个一体化”，农厕改造和公厕建设任务全部完成，农村道路“户户通”、村庄照明实现全覆盖，80%的村庄达到美丽乡村省定B级标准，2020年3月，寿光市被中央农办、农业农村部联合表彰为全国村庄清洁行动先进县。

推动公共服务向乡村延伸，让群众生活更便利。把地方财政收入的80%以上优先用于保障民生，大力推动社会事业向农村覆盖、公共服务向农村延伸。围绕解决农村教育资源布局不均衡的问题，重新编制了中心城区教育设施专项规划，近五年累计投入23.7亿元，新改扩建中小学校85处，改扩建幼儿园80处，通过支教、轮岗、成立“导师团”等手段，吸引209位城区优秀教师到农村学校支教，组建了17个农村特级教师工作室，建设了市职业教育中心学校等一批职业学校，构建起了从学前教育到高等教育的全链条教育体系，教育现代化经验被《中国教育报》宣传推广；围绕解决农村群众看病就医难的问题，省级标准化卫生室、农村居民健康档案实现全覆盖，探索推行了市人民医院托管羊口分院，建设了一批紧密型医共体，基本实现群众大病不出市、常见病不出镇；围绕解决农村社会保障水平偏低的问题，将城镇居民医疗保险和新农合进行了整合，实现了医疗保险城乡一体化，有效破解了医疗保险“城乡分割”“双边管理”的困局，特别是针对农村养老难的问题，以多元化投入、典型化引领推动优质资源和公共服务向基层倾斜，推广了“日间照料中心＋镇街养老服务中心＋养老院”多元化养老模式，构建起居家、社区和机构相协调的养老服务体系，公办养老机构改革被国家发改委、民政部评为全国优秀案例。寇家坞六村通过盘活村内闲置集体房屋、空闲宅基地，创新建立了农村康养中心，采取“政府补一点、村里筹一点、个人掏一点”的多元化投入方式，有效解决了资金筹集难题，将村内 75 岁以上老人以及贫困户、低保户等困难群体全部纳入进来，聘请寿光养老服务集团进行专业化托管运营，初步形成了以居家为基础、中心为依托、养娱相结合的养老服务新模式。

3. 推动“治理全领域融合”，打造乡村治理现代化样板区

党的十九大报告指出：“加强农村基层基础工作，健全自治、法治、德治相结合的乡村治理体系。”近年来，寿光市始终坚持以党的建设引领乡村治理，以自治增活力、以法治强保障、以德治扬正气，探索出了一条党组织领导下“三治融合”的基层治理体系，营造了百姓和顺、乡村和美、社会和谐的新气象。

夯实自治根基，激发了基层治理的新活力。坚持把党的建设贯穿基层社会治理的全过程，推行党的建设、经济发展、基层治理一体布局、统筹推进，以党建引领基层治理效能不断提升。一方面，以村民自治为核心，构建乡村治理新格局。创新开展了农村党员“亮身份、当巷长”活动，连续五年推行“六位一体”主题党日制度，创新搭建了“网上阳光村务平台”、阳光三农综合信息公开平台等网络平台，党员群众参与村级治理的积极性显著提升。寿光市洛城街道东斟灌村借鉴“枫桥经验”，探索实行了党支部领导下的自主议事、自治管理、自我服务“三自”工作法，通过创办土地股份、果菜、资金“三个合作社”，落实群众知情权、参与权、决策权“三项权利”，健全重大事项票决、重点工程招标、重要事务全程监督“三项制度”，实现了群众的事群众议、群众定、群众办，走出了一条具有鲜明时代特色的村级发展路子，连续18年未发生一起违反计划生育行为、信访上访和刑事案件，成为了山东省乃至全国村级基层民主建设的典范和样板。另一方面，以城市党建为引领，凝聚城市治理合力。以全国城市基层党建示范市建设为契机，大力实施“红色物业”党建领航工程，深入实施“城市基层党建集中攻坚提升行动”，全面构筑基层党建网、平安防控、物业管理、志愿诚信、居民自治五个网络体系，打造“有事找支部、办事到社区”服务品牌，群众获得感、幸福感、安全感显著提升，为全面推进乡村振兴奠定了坚实基础。

坚持法治为本，打造了依法办事的好环境。坚持把法治作为基层民主管理、化解基层矛盾的“金钥匙”，创新设立“无讼超市”，全面推行“一村（社区）一法律顾问”“一村一警务助理”工程，开展以清理村级合同、清理村级尾欠、清理闲置资产资源“三清”为重点的农村综合治理，彻底解决了一批历史遗留的“老大难”问题，营造了遇事想法、有事找法、解决问题靠法的良好氛围。特别是为适应“三期叠加”新形势，寿光市投资 4 600 多万元，建设了社会治理服务中心，整合原有的寿光民声网站、12345 政务服务热线、12319 城管热线、随手拍等群众诉求渠道，构建起了一口收集受理、一口转办督办、一口协调考核的工作机制，实现群众诉求一条龙服务、一站式处理、一揽子解决，中心运行以来，每日办理各类群众诉求事项 400 件左右，群众满意率始终保持在 96% 以上，真正把大量问题化解在了基层、化解在了萌芽状态，受到了广大群众点赞好评。

筑牢德治之魂，实现了民风更淳朴、乡风更文明。寿光市始终坚持把提升群众精神文明抓在手上，2017 年，以全国县级第 5 名的成绩获评全国文明城市，之后连续三年以第一名的成绩通过全省复审；2018 年，又被中央确定为全国首批新时代文明实践中心建设 50 个试点县（市、区）之一。

（1）建强乡风文明主阵地

坚持群众在哪里、文明实践活动就推进到哪里，高标准建成了新时代文明实践中心、“寿光文艺之家”、市民阅读中心，设置“红色驿站”“邻里之家”“文明大集”等文明实践点 300 多个，建成文明实践所（站）1 026 处，实现了市镇村三级文明实践阵地全覆盖。

（2）塑造文明和谐新风尚

立足把农村风气正过来、德治体系建起来，开展了公益惠邻、幸福套餐、文明婚俗、文明信用联动等行动，探索推行了村规民约以及村民议事会、道德评议会、禁赌禁毒会、红白理事会“一约四会”制度，以“两委”成员、乡土人才等为骨干，村村成立了3支以上志愿小队，开展义务巡逻、纠纷调解、移风易俗等志愿服务，讲文明、树新风成为寿光鲜明的城市特质。特别是拉起了覆盖城乡的志愿者队伍，在灾后重建、水利建设、疫情防控中，6万多名党员志愿者主动参与，冲锋在前，“我为人人、人人为我”的社会风尚逐步形成。

（3）激发向上向善正能量

制定“寿光24孝”，推开“敬老饺子宴”，所有村每2～3个月为老人举办“饺子宴”、为80岁以上老人举办“生日宴”，连续推出16届、180余位“感动寿光”年度人物，2人成为“全国道德模范”、23人获评“中国好人”、60万群众登上光荣榜，95%的村达到文明村标准。创新成立婚姻家庭辅导中心，招募350多名志愿者，建立了离婚调解“四步工作法”，对协议离婚夫妻实现全覆盖、一对一调解，截至2020年底，共接待离婚夫妻10 470对，成功帮助4 296个家庭破镜重圆，劝和率达到41%。

三

新时代创新提升“三个模式”的内涵特征和基本经验

“三个模式”的核心是农业产业化，是20世纪80年代末、90年代初，我国由计划经济向市场经济转型背景下的成功探索。在当时，我国“三农”问题的核心是农业问题，最迫切需要的是解放和发展农村生产力。创新提升“三个模式”，是在我国发展进入新时代、即将全面建成小康社会和实施乡村振兴战略大背景下，潍坊市统筹推进“五大振兴”的新探索。

这一探索要着力解决的问题是，农村发展不平衡不充分的问题，是农村现代化与农业现代化一体设计、一并推进，实现农业强、农村美、农民富的过程。

从潍坊的实践看，新时代创新提升“三个模式”的内涵是，以党的建设为统领，以改革开放为动力，以科技创新为支撑，以融合发展为路径，以产业振兴带动乡村全面振兴，目标是率先实现农业农村现代化，根本目的是增进农民福祉，满足农民群众对美好生活的向往（图3-1）。

统领	党的建设
动力	改革开放
支撑	科技创新
路径	融合发展
以产业振兴 带动	乡村全面振兴
目标	率先实现农业农村现代化
根本目的	增进农民福祉，满足农民群众对美好生活的向往

图 3-1　新时代创新提升“三个模式”的内涵

（一）创新提升“三个模式”的新发展新特征

创新提升“三个模式”的实践是“三个模式”的进一步继承和发扬，在面临主要任务、产业发展方式、路径选择和具体的组织推进方式发生根本变化的情况下，不断取得新发展和新突破。主要表现在四个方面。

1. 表现在解决的主要问题上

“三个模式”主要是通过农业产业化经营，解放和发展生产力，破解农户分散经营与大市场之间的矛盾，提高农业生产效率和农产品增加值。一句话说，“三个模式”的主要任务是如何把农业搞上去，其关注点比较单一，就是农业的快速发展，更加注重的是速度和数量。创新提升“三个模式”，则不仅仅是产业的提升，而是统筹农村经济、政治、文化、社会、生态文明和党的建设，既注重放大潍坊农业优势，提高农业产业发展质量效益，又注重加快补齐农村基础设施、公共服务等方面的短板，实现由产业发展为主，向由产业振兴带动乡村人才、文化、生态、组织全面振兴转变。一句话，创新提升“三个模式”，是如何把农业农村都搞好，其关注点不仅仅是农业，而是强调农业农村一体发展、城市乡村协调发展，是新发展理念指引下的更高质量的发展。详见图 3–2。

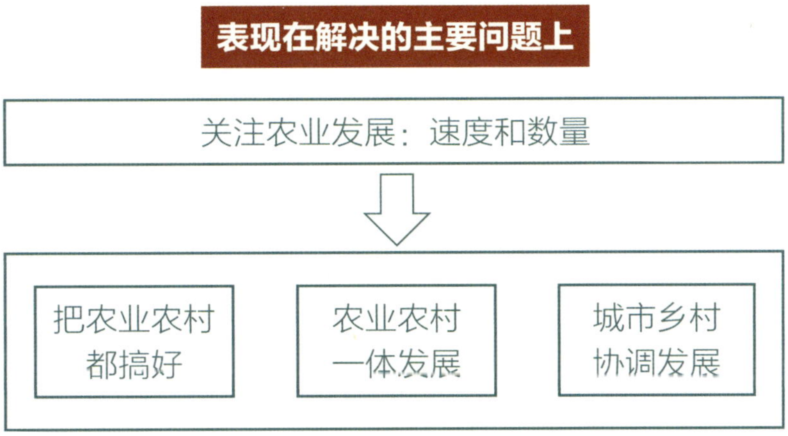

图 3–2　新时代创新提升“三个模式”的新发展新特征（表现 1）

2. 表现在产业发展方式上

由于时代不同，生产力发展阶段也不同，农业发展的方式也不尽相同。“三个模式”（农业产业化）阶段，发展导向是增产导向，在农业生产的组织方式上更多依靠龙头企业（诸城）或市场（寿光）带动基地 + 农户的生产，这在当时已经是了不起的创新。而在发展方式上，更多依靠增加投入品、劳动力等简单的生产要素，农产品的加工基本都是简单的初加工，产品附加值也不高，整个农业发展的科技含量和外向度不高。

而创新提升“三个模式”对农业发展的定位是，推进农业由增产导向转向提质导向，以供给侧结构性改革为主线，提高农业创新力、竞争力、全要素生产率，提高农业质量、效益和整体素质。在产业结构上，注重由一产向一二三产融合发展转变，通过发展农产品加工业、完善农产品流通设施、发展新产业新业态，延伸产业链、贯通供应链、提升价值链，推动产业功能、形态和商业模式发生重大变化。在产业组织方式上，主要依靠新型农业经营主体的带动，通过大力发展农业龙头企业、农民合作社、家庭农场和更高层次的产业联合体等带动农业全产业链发展，同步健全社会化服务体系，把农业生产全部纳入有组织的经营活动，推动由分散经营向组织化、规模化经营转变，实现更高质量的小农户和现代农业发展有机衔接。在发展支撑上，更加注重依靠科技的力量，由传统要素推动为主转向农业科技推动为主，坚持把现代种业作为农业科技创新的“芯片”，把农业技术推广作为连接技术与技术应用的重要手段，把智慧农业作为农业现代化的重要途径，农业科技的“翅膀”日益增强；更加注重依靠开放带动，着力发挥国家农业开放发展综合试验区的引领作用；更加注重提高农民素质，培育爱农业、懂技术、善经营的高素质农民。像在科技创新上，原来“三个模式”主要是种植、养殖、加工技术创新和机械化，现在潍坊市从生产技术革新到种业创新，从现代农机到智慧农业，再到云计算、大数据、物联网，把高新科技全方位深度植入。像在开放发展上，原来主要是初级农产品加工出口，现在潍坊国家农综区建设大见成效，建成东亚畜牧交易所等一批开放平台，寿光蔬菜产业集团、得利斯等一批农业龙头企业实施海外并购或在国外投资建园区，积极融入国内国际双循环，基本形成了全方位、宽领域、高水平开放合作新格局。像在高素质农民培育上，在“三个模式”的那个年代很少有专业培训，更多的是通过乡镇的农技站对农民开展简单的农技培训，解决生产技术问题。在创新提升“三个模式”阶段，潍坊市充分发挥政府、培训机构、企业作用，通过建设潍坊农民职业学院、山东（寿光）农村干部学院，搭建各类实训基地、“田间学校”等平台，对农民开展生产技术、经营管理、乡村治理等全方位培训，培育了一大批高素质农民，农民素质的提升对于转变农业的发展方式发挥了重要作用。详见图 3-3。

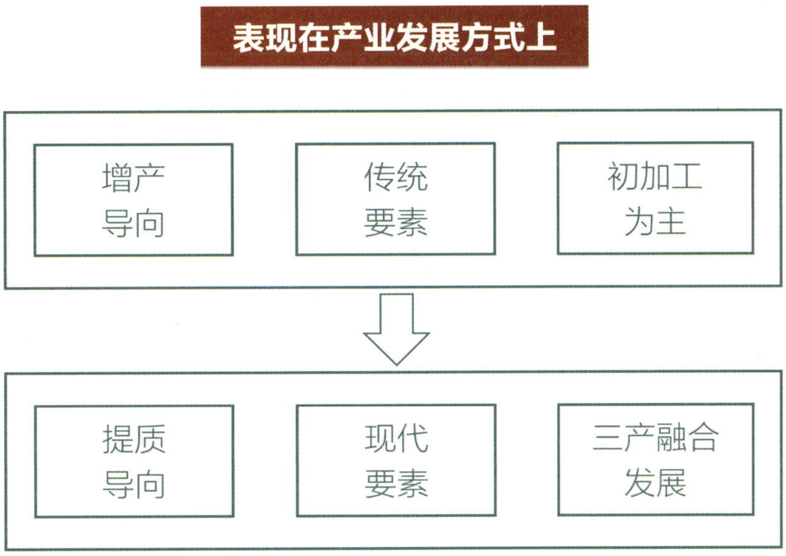

图 3-3 新时代创新提升“三个模式”的新发展新特征（表现 2）

3. 表现在路径选择上

从推进“三个模式”和创新提升“三个模式”的路径选择（图 3-4）来看，都蕴含着融合发展的基因，走的是融合发展之路。“三个模式”是通过贸工农、产供销一体化的手段，把龙头企业、市场、协会等与农户联结起来，只是初步实现了生产、加工、销售这三次产业的低层次融合。而创新提升“三个模式”，既是三次产业的深度融合，也是要素顺畅流动的城乡融合和农村生产、生活、生态的相融。在产业融合上，更加注重开发农业的多功能性和多元价值，在推进农产品深加工基础上，推动农业与休闲旅游、农耕体验、健康养生等深度融合，中百大厨房、薰衣草小镇等新业态、新模式加快涌现。在“三生”融合上，注重推进农业园区和农村社区同步建设，注重补齐农村基础设施、公共服务、生态环境短板，把农村建设成生态宜居的幸福家园。在着力构建城乡融合发展的体制机制上，更大力度推进农村改革，破除人才、资本、技术等要素顺

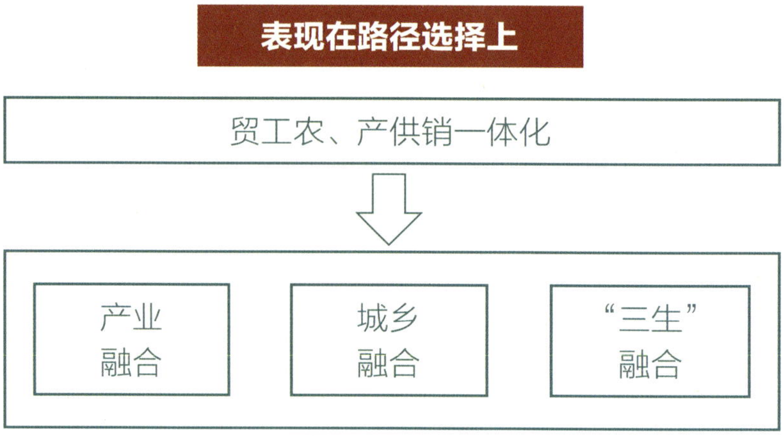

图 3-4　新时代创新提升“三个模式”的新发展新特征（表现 3）

注：“三生”指农村生产、生活、生态

畅流动的体制机制障碍，加快形成工农互促、城乡互补、全面融合、共同繁荣的新型工农城乡关系。

4. 表现在组织推进上

“三个模式”和创新提升“三个模式”都是在党的领导下，潍坊各地农业农村改革创新的创新探索，背后有群众智慧、基层创造的生动故事，也离不开各级党委、政府尊重规律、鼓励创新的政策扶持和总结提升、扩大推广的推动作用。相比较而言，以农业产业化为核心的“三个模式”已经成为过去时，在组织推进上先后经历了基层首创—党委、政府总结提升—全面推广的过程。在这个过程中，党委、政府的支持、引导对于更大范围推广发挥了重要作用。新时代创新提升“三个模式”，潍坊市继承和发扬这一优良传统，强化党的领导政治优势，在组织推进上，更加注重以县域为单元，坚持整县推进，支持鼓励基层创新创造，大力推进特色化、差异化发展，几乎每个县都有自己的特色和亮点。例如，诸城市创新实施生活社区、生产园区、生态景区“三区”共建共享，寿光市以“三全三融”引领全面振兴，为新时代推进乡村振兴探索了新路径。各县市区聚焦“五大振兴”，结合各自实际打造了一批新亮点，像寿光的设施蔬菜，诸城的畜禽，昌乐西（甜）瓜、安丘的出口蔬菜、峡山的有机农产品、青州的花卉、昌邑的苗木、临朐的设施林果、高密的优质商品粮、寒亭潍城的潍县萝卜、坊子的都市休闲农业、滨海的海洋牧场等，形成了多点发力、特色各异、全域均衡发展的格局。在 2020 年的中央农村工作会议上，习近平总书记强调，要把县域作为城乡融合发展的重要切入点，推进空间布局、产业发展、基础设施等县域统筹，把城乡关系摆布好处理好，一体设计、一并推进。毫无疑问，潍坊市在创新提升“三个模式”的组织推进过程中的做法，与习近平总书记的这一部署十分契合，是很好的探索实践。详见图 3-5。

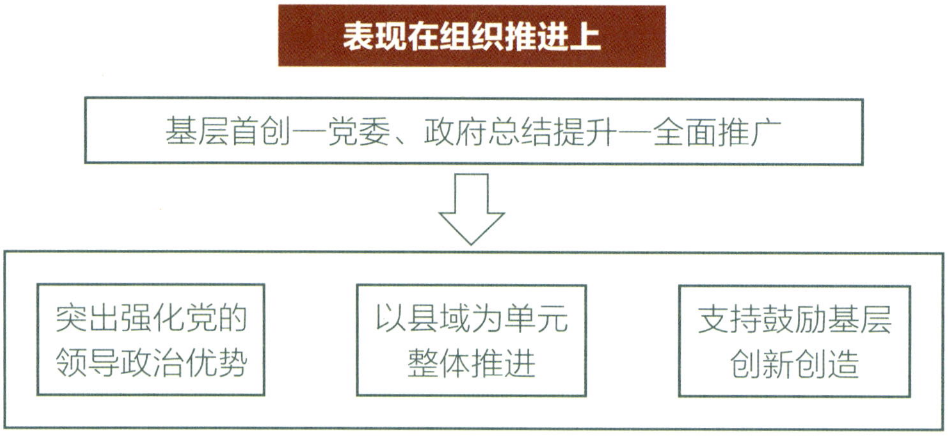

图 3-5　新时代创新提升“三个模式”的新发展新特征（表现 4）

（二）创新提升“三个模式”的核心经验

总而言之，潍坊市创新提升“三个模式”的探索，是习近平总书记关于“三农”工作重要论述和中央乡村振兴战略部署在基层的具体实践。在“三农”工作重心发生历史性转移、全面推进乡村振兴大背景下，总结潍坊创新提升“三个模式”、实施乡村振兴战略的探索实践中蕴含的经验价值，对农业农村优先发展、全面推进乡村振兴具有重要借鉴意义。创新农业产业化内涵和形态、尊重群众和基层的首创精神、实现有效市场与有为政府有机结合、践行包容性增长理念推动实现共同富裕、促进三个融合发展是“三个模式”推进潍坊市乡村振兴的最核心的经验价值。

1. 创新农业产业化内涵和形态，实现产业化发展由量变到质变的突破

“三个模式”是潍坊发展现代农业的成功实践，有效解决了小农户与大市场衔接的问题，将原有的农业产业升级为农村产业，进而蝶变为以县域为基础的乡村产业集群。进入 21 世纪后，潍坊市鼓励产业联动、要素跨界，打破了农村各类产业相互分割的状态，农业产业化演变为各具特色的农村产业化。但是，农村产业化在要素聚集、产业规模以及对乡村振兴的带动能力等方面仍面临诸多问题。因此，在创新提升“三个模式”、推进乡村振兴的背景下，潍坊市坚持产业兴旺是乡村振兴的基础，进一步推动城乡要素的双向流动和公共资源的均衡配置，农村产业化突破地域限制，实现了更合理的生产力布局，农村产业化正在慢慢变为以县域为基础的乡村各类业态全面发展。目前潍坊市各类新型农业经营主体发展到 3.5 万家，其中农业龙头企业达到 3 100 多家、数量居山东省第一位，培育形成潍坊伊利乳业、寿光蔬菜产业集团、山东鲁丰集团等 10 家产值过 10 亿元的全产业链一体化农业龙头企业；全市 12 个县市区都形成了各具特色的区域品牌产业，带动乡村产业全面发展。可以说，潍坊市从纵向和横向两个维度对农业产业进行拓展和创新，使农业生产要素更大范围、更高层次的优化配置，降低交易费用、提升规模效益，达到更优的资源配置效率和生产效率，提高产业链的竞争力，推动了农业高质量的发展。详见图 3-6。

一是创新农业产业化内涵和形态	实现	产业化发展由量变到质变的突破

- 通过鼓励产业联动、要素跨界，打破农村各类产业相互分割的状态，使农业产业化演变为各具特色的农村产业化。
- 围绕产业兴旺，进一步推动城乡要素的双向流动和公共资源的均衡配置，突破农村产业化的地域限制，实现更合理的生产力布局，使农村产业化质变为以县域为基础的乡村各类业态全面发展。

图 3-6　新时代创新提升"三个模式"的核心经验（一）

2. 尊重群众和基层的首创精神，实现顶层设计与基层执行的良性互动

习近平总书记多次强调，在实施乡村振兴战略中"要发挥亿万农民的主体作用和首创精神，调动他们的积极性、主动性、创造性，并善于总结基层的实践创造，不断完善顶层设计"。党的十九大以来，在创新提升"三个模式"、打造乡村振兴齐鲁样板先行区的过程中，潍坊市围绕"产业兴旺、生态宜居、乡风文明、治理有效、生活富裕"，积极鼓励农民群众和基层大胆探索实现乡村振兴的方式和路径，并及时加以引导完善和总结提升，在全市范围内推广。随着市场需求变化和供给侧结构性改革的推进，潍坊市蔬菜种植农户对蔬菜标准化和智能化生产的相关技术和信息需求激增，潍坊市顺应基层的需求和探索，运用蔬菜产业标准化建设和智慧农业

园区建设的基层经验，组建了全国蔬菜质量标准中心，并以购买方式委托企业建设潍坊农业大数据平台，加快了全市智慧农业的发展进程，为全市农民提供技术示范和培训，打造了潍坊农业高质量高标准发展模式。在农村社会发展领域，潍坊市综合考虑经济社会发展目标和群众意愿，稳妥推动农村社区建设，迈出了从农业现代化到农业农村现代化的探索脚步。正是这种改革顶层设计与基层探索的良性互动，推动了潍坊市农业农村领域改革的深化，为潍坊市乡村振兴奠定了坚实的基础。详见图 3–7。

二是尊重群众和基层的首创精神	实现	顶层设计与基层执行的良性互动

- 通过发挥农民的主体作用和首创精神，调动积极性、主动性、创造性。
- 鼓励农民群众和基层大胆探索实现乡村振兴的方式和路径。
- 针对实践的经验创造，及时加以引导完善和总结提升。
- 顺应基层需求和群众意愿，在全市范围内进一步推广。
- 形成理论与实践的紧密结合和良性循环，推动农业农村领域的深化改革。

图 3–7　新时代创新提升“三个模式”的核心经验（二）

3. 注重体制机制创新，实现有效市场与有为政府有机结合

“三个模式”本质上是基层干部群众的创新创造实践，是市场、社会和政府三方力量共同作用的结果，是充分发挥市场的决定作用、更好发挥政府的推动和监管作用、高度尊重农民的首创精神的有机结合。尊重农民首创精神、帮助农民融入市场，是潍坊市“三个模式”中的宝贵经验。当前，随着改革的深入，我国

以市场需求为导向的产业产品结构优化机制已逐渐形成，这对区域市场环境治理和市场基础条件建设，对农民的市场意识、市场知识体系和市场实践能力，提出了更高要求。潍坊市尊重市场发展规律，通过完善体制机制，优化政策环境，充分发挥市场在配置生产要素中的决定性作用，坚持问题导向，在抓重点、补短板上持续加力。党的十九大以来，潍坊市在已有基础上，不断加强市场规范化建设，严格产品质量的执法监管，破除影响要素流动和产品流动的体制机制性障碍，为农民融入市场创造良好环境；同时根据市场发展变化的新特点，更加努力地通过培训等形式提高农民的市场意识和市场知识水平，更大力度地加强信息技术平台建设和信息化基础条件、现代物流基础条件、农业新功能基础条件等建设，为农民融入市场、拓展市场、利用市场提供支持。实践证明，在市场需求导向下，政府的积极作为与发挥市场决定性作用仍然具有高度的相容性，帮助农民在市场中更好地发展，始终是政府义不容辞的责任。详见图 3-8。

三是注重体制机制创新	**实现**	有效市场与有为政府有机结合

- 充分发挥市场的决定性作用，更好发挥政府的市场监管和基础建设作用。
- 通过加强市场规范化建设，严格产品质量的执法监管，破除要素和产品流动的体制机制性障碍，创造良好的市场环境。
- 通过培训等形式提高农民的市场意识和知识水平，加强信息技术平台建设、现代物流基础条件、农业新功能基础条件等建设，提供完备的基础支持。

图 3-8　新时代创新提升“三个模式”的核心经验（三）

4. 践行包容性增长理念，实现全面共同富裕

习近平总书记指出：“‘蛋糕’不断做大了，同时还要把‘蛋糕’分好”。实现包容性增长，核心是处理好效率和公平的关系，不仅要追求经济效率的有效提升，更要注重增长成果的公平共享。创新提升“三个模式”充分践行和拓展了包容性增长的理论内涵，特别是保障了农民广泛地分享发展带来的福祉。在发展结构上，优先补齐三农的短板。潍坊市在全省率先制定《关于支持农业农村优先发展的若干政策措施》，将公共资源优先投向农业农村，逐步实现城乡公共资源配置适度均衡，推动经济的协调、可持续发展。在发展过程中，保障农民平等参与的机会。鼓励农民创业创新，拓宽农民就业渠道，深化农村集体产权制度改革，管好用好集体资产，制定实施发展壮大村级集体经济三年行动计划。全市集体经济收入10万元以上的村占比达62%。在发展结果上，实现成果的公平共享。说一千、道一万，增加农民收入是关键。潍坊市积极拓展农民增收渠道，建立健全促进公平的收入分配体系，重视农民在分享发展成果中的主体地位。引导企业与各类经营主体建立契约式、分红式、股权式等多种紧密利益联结机制，使农民成为利益共享、命运与共的产业链主体，完善利润分配机制，确保农民能够分享到产业链增值收益。除带动潍坊市农民共同富裕外，潍坊市农业发展的先进技术和经验也在全国传播，带动多地农民脱贫致富。习近平总书记对各地利用寿光蔬菜大棚带动农户增收给予了高度评价。在遵义县枫香镇花茂村枫香蔬菜现代高效农业园区，对来自山东寿光的企

业负责人说，“我到这里来，主要就是看中你们对农民的带动作用。大棚不错，希望继续努力。”详见图 3-9。

四是践行包容性增长理念	实现	全面共同富裕

- 不仅追求经济效率的有效提升，更注重增长成果的公平共享。
- 保障公共资源向农业农村倾斜，优先补齐三农的短板。
- 引导各类经营主体建立契约式、分红式、股权式等多种紧密利益联结机制，确保农民合理分享增值收益。
- 通过农业技术和经验的广泛传播，带动多地农民脱贫致富，实现发展成果的公平共享。

图 3-9 新时代创新提升“三个模式”的核心经验（四）

5. 促进三个融合发展，实现乡村全面振兴

三个融合就是产城、产村、产业的融合。实施乡村振兴，产业兴旺是重点。创新提升“三个模式”在紧紧牵住产业兴旺这个“牛鼻子”过程中，着力推进三个融合发展，走出一条中国特色的城镇化道路。产城融合是农业产业与城镇化的融合发展。城镇化的发展要以产业为经济基础，产业发展要以城镇化为载体，形成农业产业与城镇化的良性互动。例如，诸城充分发挥农业产业化、农村社区化两大优势，深入推进生产园区、生活社区、生态景区“三区”共建共享，实现设施和服务融合，促进农民生产和生活方式“双提升”。产村融合是农业产业与乡村的融合发展。农业生产促进了村落的形成，产业与乡村的发展天然就联系在一起。但产村融合不是简单的空间叠加，而是产业发展与村庄建设协同并进和相互促进。

根据乡村的资源禀赋，深入挖掘不同村庄拥有的自然、人文等特色资源，大力发展一村一品等特色经济，发挥比较优势。全市现有一村一品特色示范村镇国家级 11 个、省级 21 个。产业融合是一二三产业的融合发展。体现产业间分工的内部化，是农业产业化在产业层面的扩展与升级。实践表明，实现产业融合要聚焦区域主导产业或优势特色产业，延伸产业链、打造供应链、提升价值链。例如昌邑饮马镇的山阳村，依托千亩梨园，开发建设风景区，发展现代农业、乡村旅游、商贸餐饮业等，最终实现产业整体受益、乡村全面振兴。详见图 3–10。

五是促进三个融合发展	**实现**	乡村全面振兴

- 通过推进“三区”共建共享等措施，形成农业产业与城镇化的良性互动，促进产城融合。
- 根据乡村的资源禀赋，发展一村一品等特色经济，促进产村融合。
- 通过聚焦区域主导产业或优势特色产业，延伸产业链、打造供应链、提升价值链，促进产业融合。

图 3–10　新时代创新提升“三个模式”的核心经验（五）

四

未来发展建议

（一）机遇挑战

进入新发展阶段，“三农”工作重心发生历史性转移，潍坊市要把农业农村现代化放到现代化建设全局中把握，放到构建新发展格局中把握，放到构建安全发展体系中把握，坚定扛起创新提升“三个模式”、全力打造乡村振兴齐鲁样板先行区的使命和担当，立足“走在前列、引领发展”的目标定位，打响“全国乡村振兴看山东、山东乡村振兴看潍坊”的品牌，高水平实现农业高质高效、乡村宜居宜业、农民富裕富足。

综合分析，潍坊市“三个模式”创新提升面临五大机遇和优势。

一是加快构建新发展格局，有利于深化“三农”工作重中之重的认识，加快推进农业农村现代化，更好发挥农业农村在应对风险挑战中的“压舱石”和“战略后院”作用。

二是顺应高质量发展的时代要求、满足人民群众美好生活需求，有利于进一步深化农业供给侧结构性改革，推动品种培优、品质提升、品牌打造和标准化生产，提升农业质量效益和竞争力。

三是以数字技术、生物技术等为代表的新一轮科技革命和产业变革深入发展，有利于推动潍坊农业产业结构调整、发展方式转变、增长动能转换，赋能农业实现高质量跨越发展。

四是潍坊国家农业开放发展综合试验区等重大战略加速推进，有利于进一步发挥潍坊农业农村改革创新传统，破除体制机制深层次矛盾，激发创新发展活力，为全国农业农村开放发展提供样板。

五是潍坊改革开放四十多年来，形成了雄厚的农业产业化基础、坚实的科技创新支撑、有力的政策支持保障、引领全国的农业农村改革创新，为新发展阶段进一步创新提升“三个模式”奠定了坚实根基和良好开局。

同时，也要清醒认识到，未来农业农村发展仍面临着一系列新旧交织的问题和挑战。

一是乡村资源要素投入不足，金融、工商资本投资意愿不强，高层次人才短缺，乡村产业发展用地供给不足。

二是农业高质量发展仍不充分，产业链延伸和价值链提升增值增效不充分，农民分享全产业链增值收益不充分。

三是乡村基础设施和公共服务短板仍然突出，乡村基础设施建设滞后，公共文化设施重“建”轻“管”，人居环境整治长效管护机制不健全。

四是乡村振兴工作合力还需进一步加强，五大振兴专班牵头工作机制和党委政府工作部门抓乡村振兴工作机制需要进一步完善。详见图 4-1。

战略机遇

- 抢抓构建“双循环”新发展格局，守住农业农村基本盘和压舱石
- 顺应高质量发展的时代要求，提升农业质量效益和竞争力
- 把握科技和产业变革，赋能农业实现高质量跨越发展
- 推进国家农业开放发展综合实验区重大战略，打造全国农业农村开放发展样板
- 潍坊雄厚的农业、科技基础和有力的政策支持保障为新发展阶段奠定了基础

挑　战

- 乡村资源要素投入仍然不足
- 农业高质量发展仍然不充分
- 乡村基础设施和公共服务短板仍然突出
- 乡村振兴工作合力仍需进一步加强

图 4-1　新时代创新提升“三个模式”面临的机遇和挑战

新发展阶段，潍坊市创新提升“三个模式”必须坚持以人民为中心，增强机遇意识和风险意识，树立底线思维，准确把握发展的新特征新要求，深刻认识农业农村发展面临的新机遇新挑战，守住农业“基本盘”，优先发展农业农村，全面推进乡村振兴，在更好地落实总书记提出的“三个模式”中育先机、开新局，走出一条具有潍坊特色的乡村全面振兴之路。

（二）目标定位

未来为实现“十四五”乃至二〇三五远景目标，创新提升“三个模式”，打造乡村振兴齐鲁样板先行区，率先实现农业农村现代化，打响“全国乡村振兴看山东、山东乡村振兴看潍坊”品牌。

打造乡村振兴齐鲁样板先行区，率先实现农业农村现代化。

——打造高质高效农业发展国家创新中心。以创新驱动促进农业现代化，把制度创新、科技创新摆在乡村振兴更加突出的位置，依托中国蔬菜种业硅谷、国家蔬菜质量标准中心等重大工程平台，建设全国设施农业科技研发中心、全国设施农业标准输出中心、全国设施农业品牌塑造中心、全国一二三产业融合发展示范中心，保持潍坊农业领先优势，抢占全国现代农业发展的制高点。

——打造新阶段双循环农业区域性对外开放高地。发挥潍坊农业在国内大循环中的基础优势和农业开放发展综合试验区在国内国际双循环中的先发优势，充分利用国际、国内两个市场、两种资源，积极融入“一带一路”倡议，RCEP 开放战略及胶东经济圈、长三角、粤港澳大湾区等区域发展战略，打造全方位、宽领域、多层次的农业开放发展新格局，大力培育农业发展新动能。

——打造全面推进乡村振兴农村改革试验先行区。探索建立农村集体资产管理运营新机制，发展新型集体经济，以寒亭区农村宅基地制度改革国家级试点为依托，稳慎推进农村宅基地制度改革试点，探索农村宅基地所有权、资格权、使用权分置实现形式。充分发挥山东农村产权交易中心、东亚畜牧产品交易所等平台的功能和作用，赋予农村益物权更充分权能，推动农村资源要素市场化配置，激活农村资源要素。

——打造乡村振兴宜居宜业齐鲁样板新乡村。通过科学规划建设乡村，合理确定和完善村庄规划布局，推动全域全要素编制村庄规划，保护传统村落和乡村特色风貌。持续改善农村人居环境，打造一批产业兴旺、生态宜居、民风淳朴、社会和谐的美丽村居。补齐乡村基础设施和公共服务短板，提升农民获得感、幸福感、安全感。健全现代乡村治理体系，坚持自治、法治、德治相结合。

——打造新时代农民富裕富足典型示范区。通过强化乡村人才振兴，造就高素质的新型农业生产经营者队伍，培养高素质农民。通过提升农民精神风貌，加速乡风文明升级，提振农村精气神，推动农村焕发文明新气象。通过立足潍坊实际，发挥潍坊优势，重点发展壮大农村集体经济、加强农村“三资”管理、拓宽农民增收渠道；通过积极探索农牧技能培训的有效方式，提升农民增收致富本领。详见图 4–2。

目标一：打造齐鲁样板先行区，率先实现农业农村现代化

- **一是**　打造高质高效农业发展国家创新中心
- **二是**　打造新阶段双循环农业区域性对外开放高地
- **三是**　打造全面推进乡村振兴农村改革试验先行区
- **四是**　打造乡村振兴宜居宜业齐鲁样板新乡村
- **五是**　打造新时代农民富裕富足典型示范区

图 4–2　新时代创新提升“三个模式”的目标定位

进一步打响“全国乡村振兴看山东、山东乡村振兴看潍坊”品牌，推动乡村全面振兴。

——看对全国大局的贡献，确保粮食安全，确保蔬菜、生猪等重要农副产品供给。

——看农业科技创新，坚决打好种业“翻身仗”，突破一批种源“卡脖子”技术，推动设施农业向智慧化迈进。

——看农业开放水平，突出抓好农综区建设，强化体制机制创新，为全国农业开放发展提供样板。

——看农业的质量效益，深化农业供给侧结构性改革，推动品种培优、品质提升、品牌打造和标准化生产，让农业更加高质高效、更具竞争力。

——看乡村新面貌，深入实施乡村建设行动，提升乡村治理现代化水平，建设美丽宜居乡村，让农村更加宜居宜业。

——看农村文明程度，弘扬和践行社会主义核心价值观，推进移风易俗，让文明之风吹遍潍坊农村大地。

——看农村居民收入水平，深入推进农村改革，激活农村资产资源，多渠道增加农民收入，让农民更加富裕富足。

——看城乡融合发展水平，健全城乡融合发展体制机制，更高水平推动城乡融合发展。详见图 4-3。

目标二：打响“全国乡村振兴看山东、山东乡村振兴看潍坊”品牌

一看	对全国大局的贡献	**五看**	乡村设施面貌的变化
二看	农业科技创新的引领	**六看**	农村乡风文明的传承发展
三看	农业开放水平的带动	**七看**	农村居民可支配收入水平
四看	农业质量效益的提升	**八看**	城乡融合发展水平的提升

图 4-3　新时代创新提升“三个模式”的目标定位

（三）主要路径

新时代持续推进创新提升“三个模式”主要路径（七个坚持）见图 4-4。

- **一是**　坚持以产业振兴带动乡村全面振兴
- **二是**　坚持以创新驱动、标准引领加速农业现代化进程
- **三是**　坚持以深化改革释放发展新动能
- **四是**　坚持以扩大开放提升发展新层次
- **五是**　坚持以乡村建设行动打造美丽宜居家园
- **六是**　坚持以党建引领促进乡村善治
- **七是**　坚持共同富裕增进农民福祉

图 4-4　新时代持续推进创新提升“三个模式”主要路径（七个坚持）

1. 坚持以产业振兴带动乡村全面振兴

潍坊市要继续深化开放发展，进一步发挥国家农业开放发展综合试验区优势，统筹“引进来、走出去”，深化开放合作范围，推动各地市打造一批国内外农业产业合作项目，鼓励本地企业海外发展。下一步，要继续大力推进农业科技创新，激活乡村产业发展的内生动力，打造全方位的农业科技研发平台，围绕作物育种、生物技术、生物信息技术等核心技术，强化科技创新能力，并通过强化技术推广运用，改造提升传统农业，提高农业发展水平。此外，潍坊市要进一步深化农村产业融合发展，打造集生产、加工、销售一体化的农业生产经营模式，大力发展新业态、新模式，各地市要进

一步开展区域特色产业发展，并形成主导产业。

2. 坚持以创新驱动、标准引领加速农业现代化进程

大力发展现代种业，打好种业翻身仗，打造种业“硅谷”。大力发展智慧农业，推进互联网、物联网、云计算、大数据、人工智能等现代信息技术与乡村经济深度融合。大力发展农业现代化装备，推进现代化装备关键技术创新，依托雷沃重工建设山东省智能农机装备技术创新中心，提升农机化科技水平。支持高等院校、科研院所参与实施重大农业科技项目联合攻关，加快构建“政产学研金服用”于一体的创新服务平台。发展现代农业示范区，坚持园区化布局乡村产业，以县为单位开展创建，形成梯次推进农业现代化的格局，支持寿光、诸城、安丘、寒亭、峡山等县市区突出特色、发挥优势，争创农业现代化示范区。

3. 坚持以深化改革释放发展新动能

未来，潍坊市要继续深化农村改革，进一步健全城乡融合发展机制，以完善产权制度和要素市场化配置为重点，坚决破除体制机制弊端，健全城乡融合发展机制，推动城乡要素平等交换、双向流动，增强农业农村发展活力。此外，潍坊市要以土地制度改革为突破口，在保护好农民土地权益的同时，加快培育家庭农场和农民合作社两类新型农业经营主体，健全农业专业化社会化服务体系，发展多种形式适度规模经营。要充分借助已建成的农业高端研发平台，加快尖端人才引进，发挥人才智力优势，要进一步强化农民职

业教育，提升农民专业素质。

4. 坚持以扩大开放提升发展层次

坚持以开放促创新，以开放引领高质量发展。充分利用国际、国内两个市场、两种资源，向更大范围、更宽领域、更深层次提升开放能级，推动形成更高水平的农业开放发展格局，实现高质量“引进来”和高水平“走出去”。以国家农业开放发展综合试验区建设作为潍坊农业开发发展的头号工程，聚焦政策支持和制度创新，努力为全国农业开放发展探索先行先试。拓展外向度，积极融入“一带一路”倡议，RCEP 协定以及胶东经济圈、黄河流域、京津冀、长三角、粤港澳大湾区等区域发展战略，建设中日韩现代农业产业园、中日现代农业“双基地、双园区”等开放合作试验区，推动农业对外合作发展。突出市场化，加快推进“3+9+N”产业布局落地，扎实推动中国农创港、国际博览园等项目建设，聚力招引一批好企业、大项目，大力推动中日食品农产品检验检测互认等制度创新，创建农产品出口产业集聚区，率先探索形成国内大循环为主体、国内国际双循环相互促进的农业发展新格局。

5. 坚持以乡村建设行动打造美丽宜居家园

结合县级国土空间规划编制，积极有序推进村庄规划编制，有条件、有需求的尽快实现全覆盖。要迅速开展农村人居环境整治提升五年行动，重点抓好改厕、污水治理和垃圾处理，健全管护长效机制。要继续把基础设施建设的重点放在农村，要在提升质量标准上下功夫，全面改善水、电、路、气、暖、通信、广播、电视、物流等建设水平。要以钉钉子精神抓好农业面源污染防治，实施化肥农药减量增效行动，大力推广农牧废弃物资源化利用，发展高效节水农业，实现农业生产生态化。要深化新时代文明实践中心建设试点，弘扬社会主义核心价值观，提振农民群众的精气神。要健全乡村公共文化服务体系，实施效能提升工程，多开展形式多样的群众文化活动，孕育农村社会好风尚。

6. 坚持以党建引领促进乡村善治

把夯实基层基础作为固本之策，建立健全党委领导、政府负责、社会协同、公众参与、法制保障的现代乡村社会治理体制，坚持自治、法治、德治相结合，打造充满活力、和谐有序的善治乡村。要强化农村基层党组织建设，重点突出农村基层党组织领导核心地位，推动基层党员队伍建设，把农村基层党组织建设成为坚强战斗堡垒，全面激活农村基层党组织活力。要抓好村（社区）“两委”换届，早谋划、早打算，深研判，有针对性制定工作方案预案，选出“领头雁”、选准带头人。要坚持法治为本，树立依法治理理念，重点建立完善多元化矛盾纠纷解决机制，深入推进平安乡村建设，维护好农村社会稳定局面。要强化道德教化作用，加强乡村德治建设，培养健康社会心态，提升乡村德治水平。

7. 坚持共同富裕增进农民福祉

通过提升农业发展质量、加强就业培训与转移就业、强化扶贫政策保障、推进三产融合等方式拓宽农民增收渠道，在增加农民家庭经营性收入、工资性收入和财产性收入上做文章，通过积极探索农牧技能培训的有效方式，培育壮大新型农民队伍，提升农民增收致富本领，缩小与城镇居民的收入差距。立足潍坊实际，发挥潍坊优势，大胆探索，重点发展壮大农村集体经济，继续实施好发展壮大村级集体经济三年行动计划，加强农村“三资”管理，确保村集体资产保值增值。